세상 편한
부동산 투자
상장 리츠

세 상 편 한 부동산 투자 상장 리츠

조범진 · 차재연 지음

한스컨텐츠

방법을 알면 누구나 쉽게
부동산 재테크를 할 수 있다

요즘 만나는 사람마다 재테크가 어렵다고들 말한다. 부동산은 올라도 다락같이 올라서 구매하기가 겁이 난단다.

서울의 평균 아파트값이 12억 원을 넘었다는 얘기가 들려오고 있는 상황에서 직장인 평균 연봉이 4,000만 원인 수준을 감안하면, 서울 아파트 1채를 구매하려면 약 30년을 한 푼도 쓰지 않고 모아야 집을 살 수 있다. 정부에서는 천정부지로 뛰어오른 집값을 잡기 위해서 대출 규제와 공급 확대 등의 노력을 다방면에서 기울이고 있으나 아직까지는 역부족인 것 같다.

그래서 주식 투자를 통해 수익을 올리려는 사람도 많은데 과연 투자자의 몇 %가 주식 시장에서 수익을 내고 있을까? 코로나19로 인해 2020년 2월 국내 주식 시장이 폭락한 이후에 드라마틱한 반등으로 장기간 박스권인 코스피지수가 대폭 상승했다. 2020년은 주식 시장에서 당분간은 다시 오지 않을 기회였던 것 같다.

주식 시장은 외국인과 기관들이 주도하는 시장으로 개인이 돈을 벌기가 어렵다. 최근에 주가는 등락을 거듭하다 미국에서 테이퍼링(Tapering, 자산 매입 축소)이니 금리 인상이니 하는 얘기들이 들려오니 주가 하락에 대한 우려감이 커져 변동성이 커지면서 투자자들이 주식으로 수익을 내기가 더더욱 어렵다.

보통 사람들은 하루 대부분을 직장이나 생업에서 근무하고 업무를 마무리한 후에는 가족과 시간을 보내는 등 재테크 관련 공부를 할 시간이 부족하다. 반면 외국인과 기관 투자자들은 전문성과 시스템적으로 많은 정보를 보유하고 있고 풍부한 자금으로 시장을 주도해 나가면서 자신들이 원하는 판을 만들며 수익을 올리고 있다. 이런 주식 시장 환경에서 돈을 벌 수 있는 개인은 그리 많지 않다.

주식으로 인한 손실이 무서워 예금·적금·채권 등 안전 자산에 많은 사람이 투자하고 있지만, 저금리로 인해 2% 수익을 내기도 어렵다. 앞으로 금리가 일정 부분 상승할 수 있지만, 과거 성장 시대의 높은 금리는 금융위기 등 특별한 상황이 아니면 오기 어려울 것이다. 코로나19 이전의 선진국들은 금리가 2%내외 수준인 상황이었고 일본의 금리도 0%대인 상황에서 우리나라의 금리도 과거 고성장 시기의 높은 수준이 되지는 않을 것이다.

이러한 상황에서 고수익을 원하는 일부 사람들은 리스크가 크지만, 비트코인(Bitcoin) 같은 암호화폐에 투자하기도 한다. 주위에서 보면 몇몇은 초기에 암호화폐에 투자해 꽤 돈을 벌기도 했지만, 대부분은 수익을 많이 올리지 못하고 있다. 특히 중국 등 여러 나라에서 암호화폐에 대한 규제로 투자 리스크가 점차 커지고 있어서 자칫 투자 손실이 날 수도 있는 상황이다.

그러면 직장인 등 일반인은 본업에 충실하면서도 월급으로 모은 돈을 안전하게 최대한 수익을 올릴 방법은 없을지 고민을 하면서 그 방법들을 다방면으로 찾고 있다. 퇴직한 분들은 그동안 열심히 모은 돈과 퇴직금을 운용할 방법이 항상 고민이다. 예금이나 적금·채권 등은 수익률이 너무 낮고, 주식은 잘 선택하면 수익률이 좋지만, 자칫 잘못하면 손실이 많이 날 수 있다.

특히 퇴직한 사람들에게 암호화폐는 섣불리 접근하면 위험한 투자일 수 있다. 퇴직한 사람들은 모아둔 돈이 손실이 나면 현직에 있는 사람들보다 충격이 훨씬 크고 만회하기 어려우므로 수익성도 중요하지만, 더욱 중요한 것은 안정성이다.

그렇다고 가장 안정적인 상품이라 할 수 있는 예금·적금·채권의

1~2% 수익률에 만족할 수 있을까? 1~2% 수익률은 물가 상승률을 감안하면 오히려 가치가 하락하는 것이다. 이러한 투자를 해서 그동안 어렵게 모은 자산의 가치를 떨어뜨리는 것이 과연 맞을까?

대부분 직장인이 가입하고 있는 개인연금이나 퇴직연금이 있다. 연금상품들도 어떻게 운용하느냐에 따라서 수익률이 많이 차이 나지만 국내 퇴직연금 평균 수익률이 2013~2019년 연 2%대 초반에 불과하다는 통계를 본 적이 있다. 금융 선진국인 미국은 연 9%대까지 나온다고 하니 미국의 4분의 1도 나오지 않는다. 우리나라도 미국 수준의 수익률이 나온다면 노후 생활에 그나마 큰 도움이 될 것이다. 어떻게 하면 미국 수준의 수익률을 올릴 것인지 항상 재테크에 관심을 기울이고 공부해야 한다.

직장인의 최대 재테크는 본연의 생업에서 최대한 성공을 해야 한다. 연봉 인상이나 승진 등을 통해서 월급을 높여 나가야 하고, 이를 통해 시드머니를 모아야 한다. 그러나 모은 돈을 잘 운용하지 못하면 평생 모아도 노후를 보장받지 못할 것이다. 운이 좋아 몇 년 전에 부동산에 투자해서 많은 돈을 번 사람이라면 몰라도 말이다.

그러면 현재 같은 저금리 시대에 안정적이면서 미국 퇴직연금 수준의 수익률을 올릴 방법이 있다면 충분하지는 않지만, 연금과 다른 대안과 같이 운용하면 노후 생활이 안정적이지 않을까? 이 책은 이러한 관점에서 안정적이면서 연수익률을 10% 이상으로 올려 생활비에 보탬이 되거나 노후 생활을 효과적으로 준비하려는 고민에서부터 시작했다.

최근에 부동산 가격이 매우 가파르게 상승하고 있다. 글로벌 부동산 리서치 회사인 RCA에 따르면 2021년 2분기 서울 상업용 부동산 가격은 세계 주요 도시 중에서 최고로 가격이 급등했고, 특히 강남의 오피스 빌딩 가격은 2019년 말 이후 거의 40% 가까이 상승했다고 한다.

3~4년 전부터 저금리, 국내외 투자자들의 관심으로 인해 국내 오피스 빌딩의 가격이 많이 오르고 있고 매물 찾기가 어려운 상황이다. 전문가들은 홍콩·도쿄·뉴욕 등에 비해 서울 빌딩 가격은 이들 도시의 3분의 1 이하여서 앞으로 더 오를 가능성이 있다고 얘기한다.

이러한 상황에서 재테크에 관심이 많은 사람은 부동산에 관심을 가지며 투자하기를 원한다. 그러나 직접 하자니 돈이 많이 필요하고, 소형 오피스텔에 투자한다고 해도 각종 세금 등으로 연수익률은 3%대 수준밖에 나오지 않는다. 또한 적은 돈으로 매월 적금 넣듯이 차근차근 부동산에 투자하는 방법들을 찾기도 한다.

최근에 다양한 부동산 상품이 나오면서 이러한 고민을 해결할 수 있게 되었다. '커피 한 잔 값으로 건물주가 될 수 있다'라는 신문기사들을 본 적이 있을 것이다. 이것이 리츠다. 리츠는 투자자들의 돈을 모아서 전문가들이 대신 부동산에 투자하는 것이다. 개인이 직접 하는 것보다 장점이 많으며, 일반인이 쉽게 투자할 수 있도록 증시에 상장되어 있는 리츠도 있다.

이 책은 이렇게 부동산 재테크에 관심 있는 보통 사람들이 쉽게 투자할 수 있도록 필자가 회사에서 업무적으로 리츠에 투자했던 경험과 다른 부서에서 리츠 투자 시 심의위원으로 참여했던 경험들, 개인적으로 상장 리츠에 직접 투자해 효과를 본 경험을 기반으로 한다. 특히 어떤 리츠들이 있는지, 어떤 리츠를 살 것인지, 어떻게 매수해서 수익을 극대화할 것인지 등에 대해서 투자자 관점의 경험에서 설명하려고 한다.

먼저 부동산에 직접 투자한 사람들의 사례들을 알아보고 다음은 리츠라는 것이 무엇인지 간단히 설명하고 있다. 이 책은 리츠의 이론을 설명하는 것이 목적이 아니라 투자를 어떻게 해서 수익을 낼 수 있는지에 대한 것이어서, 개인이 리츠에 투자하는 투자자 관점에서 꼭 알아야 하는 내용만 간단히 설명했다.

그리고 국내 상장 리츠에는 어떤 것이 있고 어떻게 투자해야 하는지 자세히 설명한 후 미국의 대표적인 리츠와 리츠 ETF를 간단히 소개하도록 하겠다. 마지막에는 안전하게 투자해 수익을 올리는 방법과 자산 포트폴리오를 설명하겠다.

이 책에서 추천한 방법은 필자의 경험을 통한 성과와 습득한 지식을 바탕으로 설명했으므로 수익을 올리는 데 도움이 될 것이다. 다만 언급한 방법이 모든 사람에게 적합하지 않을 수 있는데 이는 개개인이 처한 상황이 다르기 때문이다. 아무쪼록 이 책에 실린 내용을 잘 읽고 이해해 본인의 것으로 체화하여 수익률을 높이는 데 활용하기를 기원한다.

차례

4장
미국의 리츠는 어떤 것이 있고
어떻게 투자해야 하나요?

5장
지인에게만 알려주는
국내 상장 리츠 안전한 실전 투자법

1장

남들은 부동산 투자로 대박 났다는데

부동산 투자로
스트레스 받고 있지 않나요?

맞벌이 직장인 A,
경매로 매수한 상가 때문에 10년은 늙다

맞벌이 직장인 A는 회사생활을 하면서 장래에 안정적인 월 수익을 받을 수 있는 수익형 부동산에 관심이 많다. 그러나 여유 자금이 별로 없어서 대출을 일부 받고 경매에 눈을 돌렸다. 지인이 소개한 경매컨설팅사를 통해서 상가를 2개 추천받아 그중 감정평가 금액이 1.6억 원인 전용면적 10평 상가에 부대비용 포함 1.3억 원에 단독입찰해 낙찰을 받았다.

　싸게 샀다는 기분은 잠깐, 이때부터 고난의 행군이 시작되었다. 해당 물건은 수도권에 있는 복합상가 1층 중간에 자리 잡고 있다. 상층

부에 대형 찜질방이 있었으나 장사가 되지 않아 공실로 있는 등 원활히 운영되지 않는 상황이었다. 초보 투자자인 A는 이러한 상황을 모르고 매수했다. 하물며 경매컨설팅사 직원은 물건을 추천한 후 이직을 해 제대로 된 컨설팅 한번 받지 못했다.

낙찰을 받은 후 현장에 가보니 인근 상가에서 무단으로 창고로 사용하고 있는 것이 아닌가. 물건 주인인 인근 상인에게 물건을 빼달라고 하니 빼지 못하겠다고 우겨서 크게 싸우고 문을 열어준 관리사무소 직원과 물건 주인한테 내용증명을 보내는 등 각고의 노력 끝에 월 30만 원을 받고 3~4개월을 임대를 주는 것으로 합의했다. 명도가 완료된 후 3개월 동안 공실 상태로 있다가 간신히 임대를 주었다.

그런데 새로운 임차인에게 월 60만 원에 임대를 주었는데 갖은 핑계를 대며 임차인은 전대계약을 요청했다. 전대계약이란 임대 공간의 일부 또는 전체를 다른 임차인에게 재임대한다는 내용의 계약 문서를 말한다. 초보 임대인인 A는 전대가 뭔지도 모르는 상태에서 동의해주었다. 나중에 알고 보니 임차인과 전차인이 같이 사용하면서 전차인이 임대료를 모두 내게 했던 것이 아닌가.

우여곡절 끝에 임차인과 전차인을 내보내고 새로운 임차인을 구했는데 바닥공사를 해달라고 해서 바닥공사를 하던 중 새로운 임차인 측 공사업체와의 트러블로 나이 어린 죄 아닌 죄로 공사업자한테 실컷 욕을 먹고 싸운 후 공사를 간신히 마치고 임대를 주었다.

또 어떤 임차인은 갑자기 임대료를 내지 않고 잠수를 탔고, 명도 해달라는 내용증명을 보냈는데 반송되어오더라. 우여곡절 끝에 주소를 알아내어 다시 내용증명을 보내는 등 갖은 노력을 기울인 결과 임차인 아버님으로부터 연락이 왔는데, 전화 너머로 왜 보증금이 다 소진되도록 이제 연락을 했느냐 등 심한 욕이 들려오더라. 차분히 자초지종을 설명하고 설득해 어렵게 임차인 물건을 빼가는 데 성공했다. 이때의 기분은 하늘을 날아갈 것 같았단다.

이 복합상가를 매입한 지 10년 동안 활성화되지 않아서 임차인이 10번이나 바뀌었다. 직장인으로 정신없이 업무에도 바쁜데 이 조그만 상가로 인해 많은 시간과 감정 소비, 스트레스가 참 컸다고 회고한다. 상가 가격은 조금 올랐지만, 그동안의 대출이자·공사비·중개수수료·공실 등을 감안하면 이득이 별로 없었다. 그간의 스트레스를 생각하면 다시는 상가투자는 하지 않는다고 다짐하고 있다.

퇴직한 B, 매수한 상가로 돈만 들어가고 애물단지가 되다

퇴직한 B는 10여 년 전 안정적인 수익과 더불어 자식들에게 물려주기 위해서 지방의 복합쇼핑몰 2평을 약 8,000만 원에 분양받았다.

이 쇼핑몰은 소유자 간 명확한 구역 구분 없이 바닥에 금을 긋고 매대를 내놓고 파는 상가였다.

지금은 이러한 분양이 거의 없지만 예전에는 복합쇼핑몰에 이렇게 약 2평씩 분양을 했는데 상가가 활성화되면 임대료를 많이 받을 수 있을 것으로 생각해 분양받았다.

이 건물이 오픈된 이후에 위층의 극장과 식당들은 그런대로 운영되었으나 개별 분양된 쇼핑상가들은 활성화가 안 되어 대부분 공실이 되었다.

한때는 상가 주인들이 모여서 전체를 한군데에 임대를 주려고 대형 임차인을 찾으려 노력했다. 이것도 소유자 간의 의견이 다르고 임차를 하려는 업체도 없어 임대가 여의치 않았고 현재까지도 상가는 거의 운영되지 않고 있다. 이러한 복합쇼핑몰들은 상가 주인들의 다양한 니즈와 특색 있는 상가 구성의 어려움 등으로 해서 활성화가 극히 어려워 대개 운영이 잘 안 된다.

B는 거의 10여 년 동안 단 1년 이내만 임대를 주어 수익이 거의 없으며 현재 공실로 임차인을 못 구하고 속을 썩고 있다. 공실로 비어 있어 관리비가 크지 않지만 매년 약 30만 원씩 나가고 있어 이러지도 저러지도 못하고 있으며 앞으로도 어떻게 해야 할지 대책이 없는 상태다.

소형 오피스텔에 투자하면
매년 수익률은 얼마나 될까?

직장인과 퇴직자 중에서 소형 오피스텔을 매입해 매달 월세를 받는 수익형 부동산에 관심을 가지는 사람들이 많다. 그렇다면 소형 오피스텔을 매입해 임대 사업자가 되었을 때 수익이 얼마나 되는지 한 번 생각해보도록 하자.

보통 서울 외곽 지역이나 서울 근교 원룸 오피스텔의 가격은 1억 6,000만 원 내외 정도 하는데 보증금 500만 원에 월세가 55~60만 원 수준이다. 연수익률로 따지면 약 4%대 초반 수준인데 요즘은 여러 비용 등을 감안하면 4% 수익 내기도 어려워지고 있다. 매입 시 중개수수료와 임차인이 바뀔 때마다 내는 중개수수료, 임차인 교체 기간의 공실 등으로 인해 실제 수익률은 3%대인 경우가 많다. 자칫 임대료를 제때 내지 않는 임차인을 만나면 골치 아픈 것은 덤이다.

보통 투자자들은 오피스텔이 주택과 비슷한 개념으로 주택 가격이 오르면 오피스텔 가격도 같이 오를 것이라고 기대하지만 소형 오피스텔은 거의 오르지 않는다. 요즘 오피스텔 가격을 보면 주택을 대체할 수 있는 대형 오피스텔은 많이 오르지만, 소형 오피스텔은 거의 오르지 않고 있다.

오피스텔의 노후화가 진행됨에 따라 임차인의 선호도가 떨어지면 임차인을 구하기 어렵고 오피스텔의 내부 가구와 인테리어 공사비까지 들어간다면 오피스텔 가격이 조금 오르더라도 대부분 투자비로 들어가게 되어 있다.

더더욱 인근의 신규 오피스텔이 새로 입주된다면 소형 오피스텔 고객의 특성상 바로 인근의 신규 오피스텔에 대한 선호도가 높아지고 수요가 몰리게 되어 자신이 투자한 오피스텔의 가치는 떨어질 수 있는 리스크가 있다.

이러한 상황은 우리 주변에서 흔히 볼 수 있다. 직장인이나 퇴직자들이 여유 자금으로 소형 오피스텔을 큰 기대감으로 매입한 후 기대만큼 수익률이 나오지 않고 골치 아픈 일이 많이 생긴다면 이러한 투자가 좋은 투자인지 다시 한번 생각해봐야 한다. 특히 소형 오피스텔에서 나오는 임대료를 생활비로 사용하려고 생각했던 퇴직자들은 버티기 힘들고 투자에 대해 후회하는 상황이 발생할 것이다.

종합부동산세가
다주택자에 미치는 영향

국내 부동산 가격이 최근 3~4년 동안 급격히 오르면서 집값을 잡기 위해 다양한 대책이 나왔으며, 특히 수요 억제를 위해서 다주택자에 대한 보유세가 강화되었다.

종합부동산세를 보자. 1주택자는 11억 원까지 공제가 되나 다주택자는 6억 원만 공제되고, 다주택자는 종합부동산세율도 1주택자에 비해 약 2배로 종부세가 많이 나와 실물로 부동산 투자 시에는 부동산 가격이 오르더라도 보유세가 많이 나와 그 효과가 대부분 반감될 것이다.

단, 임대 사업자 등록으로 재산세 감면 등을 통해서 일부 세부담을 줄일 수 있지만, 소득세 부과와 임대료 인상률 제약 등 다른 제약이 있어 실질적으로 큰 이익을 못 내고 골치 아픈 일이 생길 수 있다.

[표1-1] 종합부동산세율

구분	1주택자 세율 (1주택, 비조정 지역 2주택, 조정 지역 1주택+비조정 지역 1주택)	다주택자 세율 (3주택, 조정 지역 2주택)
3억 원 이하	0.6%	1.2%
6억 원 이하	0.8%	1.6%
12억 원 이하	1.2%	2.2%
50억 원 이하	1.6%	3.6%
94억 원 이하	2.2%	5.0%
94억 원 초과	3.0%	6.0%

• 1세대 1주택의 경우 11억 원 공제, 2주택 이상은 6억 원 공제

그래서 실물로 여러 채의 주택을 보유하는 것보다는 간접 투자를 통해 안정적인 수익을 올리는 것이 더 좋을 수 있는 것으로 판단된다. 그러면 구체적으로 우리가 실물로 아파트에 투자했을 때 보유세가 얼마가 나오는지 확인해보자.

보유세를 계산해보면 다주택자들이 얼마나 많은 세부담 우려가 있는지 알 수 있는데 간단히 사례를 들어 국세청 홈택스(www.hometax.go.kr)와 인터넷에 나와 있는 보유세 계산기 등을 참고해서 세금을 모의 계산해보자.

강남에 공시지가 20억 원인 아파트 1채를 보유한 사람의 보유세가 얼마인지 계산해보자. 재산세(도시계획분+지방교육세 포함) 약 700만

원, 종부세(농어촌특별세 포함) 약 600만 원 등 총 보유세(재산세+도시지역분+종부세+농어촌특별세) 납부액은 약 1,300만 원이 나온다.

다음은 2주택의 효과를 알기 위해서 서울에 공시지가 10억 원 아파트를 2채 가지고 있는 사람의 보유세를 계산해보자. 재산세(도시계획분+지방교육세 포함)는 약 600만 원, 종부세(농어촌특별세 포함) 약 2,800만 원 등 총 보유세 납부액(재산세+도시지역분+종부세+농어촌특별세)은 약 3,400만 원이 나온다.

부동산 보유 금액은 동일하게 공시지가 20억 원인데 1주택일 경우 1,300만 원인 반면 2주택의 경우 3,400만 원으로 2배 이상이 나온다. 이는 1가구 1주택의 경우 공제금액이 11억 원으로 2주택의 6억 원보다 5억 원을 더 공제해주고 종합부동산세율도 약 절반 정도이기 때문이다.

다음은 서울에 공시지가 18억 원 아파트 2채를 보유할 경우 보유세가 얼마인지 계산해보자. 재산세(도시계획분+지방교육세 포함)가 약 1,200만 원, 종부세(농어촌특별세 포함)가 약 9,000만 원 등으로 총 보유세가 약 1억 200만 원이 나온다. 일반 직장인이 감당하기 어려운 금액이다.

참고로 10억 원짜리 1주택자의 보유세는 177만 원인 반면, 10억 원짜리 1주택 보유자가 3억 원짜리 수익형 부동산 1채를 더 구매하면 보유세가 1,226만 원으로 1,050만 원이 증가한다. 수익형 부동산 임대료 수입 대부분을 세금으로 내야 하는 상황이 생긴다.

위와 같이 다주택자들에게는 종합부동산세가 많이 나온다는 것을 알 수 있다. 그동안 국내 아파트값이 국민의 평균 소득에 비해 지나치게 많이 올랐고, 금리 인상 등으로 인해 앞으로는 주택이 그동안의 급등세가 이어지기 어려운 상황에서 다주택으로 인한 보유세는 큰 부담이고 수익률을 많이 낮춰 부동산 투자에 대한 이익이 상대적으로 낮을 수 있다.

특히 2주택일 경우 공제금액이 6억 원(1주택 보유 시는 공제금액이 11억 원)으로 낮아져 자칫 1주택자가 임대 수익을 올리기 위해 오피스텔 같은 수익형 부동산을 매입하면 수익보다 세금이 더 나올 수 있다. 그러므로 1주택을 보유하고 있는 사람은 부동산을 직접 매입하는 것보다는 간접 투자 방식으로 부동산에 투자하는 것이 훨씬 매력적일 수 있으며, 이러한 간접 투자 방식의 투자가 바로 리츠다.

2장

리츠라는 것이 있다던데 리츠가 무엇인가요?

리츠란 무엇인가

리츠(Real Estate Investment Trusts, REITs)에 투자하려면 가장 기본적인 개념부터 알아야 한다. 이 책은 투자자 입장에서 상장 리츠에 어떻게 투자를 할 것인지 그 방법을 알려주는 것이 목적이므로 이를 달성하기 위해 꼭 알아야 하는 내용만 간단히 설명하겠다.

리츠는 다수의 투자자로부터 자금을 모아서 부동산과 부동산 관련 증권 등에 투자해 발생한 수익을 투자자에게 배당하는 주식회사다. 투자자들은 리츠회사의 주주가 되는 것이다. 리츠는 투자자들에게 매년 배당 가능 이익의 90% 이상을 배당해야 하므로 대표적인 배당주로 불린다.

최근에 주거·상가·오피스 빌딩 등 부동산 가격이 많이 오르고 있는 상황에서 개인은 소액으로도 이러한 부동산에 간접 투자할 수 있

[그림2-1] 리츠 구조

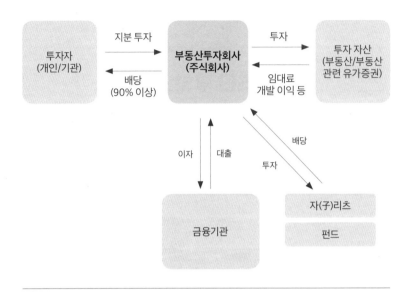

으며, 투자자들은 매년 임대료와 관리비 수익, 부동산 관련 증권 투자 수익 등으로 배당을 받고, 향후 부동산 매각 시 매각차익(Capital Gain)도 얻을 수 있는 매력적인 상품이다.

[그림2-1]에서 보는 바와 같이 리츠 구조를 간단히 설명해보면 다음과 같다. 일반적으로 자산운용사에서 투자자들을 주주로 모집해 부동산투자회사(리츠)를 설립하고 주주로부터 모은 자본금과 금융기관으로부터 빌린 차입금을 가지고 투자 자산을 매입한다. 이때 금융기관으로부터 차입은 필수 조건은 아니나 수익률을 높이기 위해

서 대부분 리츠에서 차입한다.

그리고 투자 자산은 리츠에 직접 편입할 수도 있고 자(子)리츠를 만들거나 다른 부동산 펀드에 투자하는 방식도 할 수 있다. 자리츠나 다른 부동산 펀드에 투자하는 방식은 운용사 수수료가 이중으로 들어갈 수 있으나 직접 편입보다 훨씬 쉽고 편리하게 투자 자산을 늘릴 수 있는 방법이다. 최근 여러 리츠에서 많이 활용하고 있다. 투자 자산으로부터 받은 배당금/분배금을 가지고 주주(투자자)들에게 배당한다.

자기관리 · 위탁관리 · 기업구조조정 리츠란

리츠를 소개한 자료를 읽다 보면 '자기관리리츠, 위탁관리리츠, 기업구조조정리츠'라는 단어들을 접하게 될 것이다. 리츠는 이 3가지로 분류할 수 있으며, 각 형태별 개념을 간단히 알아보자.

(1) 자기관리리츠는 자산운용 전문인력을 포함한 임직원을 상근으로 두고 자산의 투자·운용 등을 직접 수행하는 실체형 회사다. 자기관리리츠는 미국 리츠의 주 형태다.

(2) 위탁관리리츠는 자산의 투자·운용을 자산관리회사에 위탁하는 명목형 회사다. 그러므로 위탁관리리츠에는 상근 직원이 없다. 국내에 설립된 리츠의 대부분을 차지한다.

(3) 기업구조조정리츠(CR리츠)는 위탁관리리츠와 동일한 구조이나 투자 대상 부동산이 기업구조조정용 부동산으로 한정한다. 기업

[표2-1] 리츠의 종류와 특징

종류	자기관리리츠	위탁관리리츠	기업구조조정리츠
투자 대상	일반 부동산 (개발 사업)	일반 부동산 (개발 사업)	기업구조조정용 부동산
영업 개시	국토교통부 영업 인가(공모, 기업구조조정리츠는 금융위원회 사전협의)		
회사 형태	실체 회사 (상근 임직원)	명목 회사 (상근 없음)	명목 회사 (상근 없음)
최저 자본금	70억 원	50억 원	50억 원
주식 분산	1인당 50% 이내	1인당 50% 이내	제한 없음
자산 구성 (매 분기 말)	부동산: 70% 이상 (부동산, 부동산 관련 증권과 현금 80% 이상)	부동산: 70% 이상 (부동산, 부동산 관련 증권과 현금 80% 이상)	기업구조조정부동산: 70% 이상(부동산, 부 동산 관련 증권과 현금 80% 이상)
자산운용 전문인력	5인 (리츠 상근 고용)	자산관리회사(5인)에 위탁운용	자산관리회사(5인)에 위탁운용
배당	50% 이상 의무 배당 (초과 배당 가능, 2021 년 12월 31일까지)	90% 이상 의무 배당 (초과 배당 가능)	90% 이상 의무 배당 (초과 배당 가능)
자금 차입	자기 자본의 2배 이내(주총 특별결의 시 10배)		

자료: 리츠정보시스템

구조조정리츠는 2000년대 초 기업의 구조조정을 지원하기 위해 일부 만들어졌으나 점차 줄고 있다.

리츠와 펀드가
비슷한 것 같은데

리츠는 부동산투자회사법을 근거로 해 국토교통부에서 인가하고 부동산 펀드는 자본시장법을 근거로 해 금융위원회에 신고로 설립이 가능하다. 즉 리츠와 부동산 펀드는 관련 법령과 관리 감독 부서가 다르다.

리츠는 투자자로부터 자금을 모아 부동산, 부동산 관련 증권과 현금으로 총 자산의 80% 이상을 구성(총자산의 70% 이상은 부동산)해야 한다. 부동산 펀드는 펀드 재산의 50%를 초과해 부동산과 부동산 관련 자산에 투자한다.

리츠는 상법상 주식회사여서 투자자들은 주주가 되고, 부동산 펀드는 신탁형과 회사형 모두 가능하다. 투자자 입장에서 부동산 펀드는 회사형도 있고 부동산 관련 자산에 투자해 수익금 대부분을 배

[표2-2] 리츠와 펀드 비교

구분	리츠	부동산 펀드
근거 법령	부동산투자회사법	자본시장법
설립	국토교통부 인가	금융위원회 신고
형태	주식회사(투자자는 주주가 됨)	신탁형/회사형
최저 자본금*	위탁리츠·CR리츠 50억 원 자기관리리츠 70억 원	규제 없음(단, 회사형은 최저 자기 자본 규제 있음, 인가 업무에 따라 서 최저 자기자본금액 차이 있음)
자금 차입	자기자본의 2배 이내 주총 특별결의 시 자기자본 10배 이내	제한 없음
부동산 자산 편입 규모	70% 이상 (부동산, 증권, 현금 80% 이상)	50% 초과 (부동산, 부동산 관련 자산)
세제 혜택	90% 이상 배당 시 법인세 비과세 (자기관리리츠 제외)	90% 이상 배당 시 법인세 비과세

* 리츠의 최저 자본금은 영업 인가를 받거나 등록한 날부터 6개월 이내에 기준을 맞춰야 함

당·분배하므로 리츠와 부동산 펀드는 차이가 없다고 해도 무방하다. 다만 운용하는 회사 입장에서는 근거 법령, 관리관청, 형태 등 운용 측면과 세부 규정에 다소 차이가 있다.

리츠의 수익률은
어떻게 되는가

　요즘 같은 저금리 시대에 리츠는 투자상품으로 매력적이어서 국내의 리츠 수가 꾸준히 늘어가고 있다. 리츠의 평균 배당 수익률은 10% 내외로 높은 수준이다. 수익률은 연도에 따라 차이가 있지만, 평균적으로 CR리츠 → 위탁관리 → 자기관리리츠 순으로 좋은 성과를 나타내고 있다.

　다만, CR리츠와 자기관리리츠는 점차 줄어드는 상태이고 위탁관리리츠가 전체의 89%를 차지하는 등 전반적으로 위탁관리리츠가 대세로 자리 잡고 있다. 이는 투자자 입장에서는 전문성 있는 운용사에 맡기는 것이 투명하고 수익률의 안정성 측면 등에서 우수하며, 리츠를 관리하는 운용사 입장에서는 설립 절차 등에서 유리해서인 것으로 판단된다.

[표2-3] 국내 리츠 수익률(연평균 배당 수익률)

(단위: %)

연도	리츠 평균		CR리츠		위탁리츠		자기관리리츠	
	개수	수익률	개수	수익률	개수	수익률	개수	수익률
2015	125	7.6	32	6.8	85	8.2	8	7.2
2016	166	10.6	32	7.2	131	12.6	6	4.5
2017	193	7.6	31	9.9	157	6.6	5	2.6
2018	219	8.5	31	12	184	7.2	4	3.5
2019	247	9.4	29	15.8	214	8	4	5.1
2020	282	11.1	26	20.7	252	9.6	4	6.3

자료: 리츠정보시스템

리츠 투자가
왜 좋은가

안정성이 높으면서 예금·채권보다
높은 배당을 받을 수 있다

요즘 같은 저금리 시대에 예금이나 채권의 수익률이 얼마인가. 아마
도 2%를 넘기기 어려울 것이다. 얼마 되지 않는 수익에 세금까지 뗀
다니! 우리가 받은 퇴직금, 그동안 힘들게 모은 돈을 가지고 예금이
나 채권에 투자한다면 생활비 일부라도 충당할 수 있을까? 아마도
용돈 정도 되는 수준일 것이다.

　그러면 앞으로 금리가 많이 높아질 가능성이 있을까? 아마도 앞
으로 몇 년간, 아니 예전의 고금리로 돌아가기는 어려울 것이다. 일
본은 거의 0%대 이자이고 미국 등 선진국도 코로나19 이전 금리는

2% 내외 수준이었다. 예금이나 채권으로는 높은 수익을 올리기가 힘들다는 얘기다.

그러면 리츠에 투자하면 가능할까? 리츠는 배당 가능 이익의 90%를 배당하고(감가상각비까지 추가 배당 가능) 부동산을 보유하고 있어서 안정성이 높으면서 수익성도 상대적으로 높은 상품이다. 우리나라 증시에 상장된 리츠의 시가 배당 수익률은 약 4~7%대 수준이다.

주가가 얼마일 때 리츠주식을 사느냐에 따라 다르지만, 배당 수익률 4~7%대와 주가 상승분까지 감안하면 현재의 경제 상황에서 높은 수익률이 나오는 상품이 아닌가. 특히 증시가 좋지 않아서 일시적으로 주가가 하락할 때, 기관들이 단기간 매물을 내놔서 일시적으로 매물 압박에 따라 하락할 때 등 주가가 쌀 때 리츠 주식을 산다면? 그렇다. 배당 수익률과 주가 상승분까지 합치면 연 15~20% 이상 수익을 낼 수 있는 것이 바로 리츠다.

리츠를 장기 투자해서 배당 수익률 6%(주가 상승분이 없다고 가정)를 복리로 계산해보자. 10년이면 배당 수익으로만 약 80%를 올릴 수 있다. 배당이 높은 리츠들은 주가 상승도 기대할 수 있으며 자산 가치 상승으로 보유한 자산을 매각할 때 매각차익도 배당으로 받을 수 있다. 최근에 부동산 가격이 많이 오른 상태이므로 부동산 매각 시에는 특별 배당을 받을 수 있다. 이렇듯 배당 수익, 주가 상승분, 매각차익 등 수익을 올린다면 리츠는 고수익 상품이 될 수 있다.

전문가가 운용하니 직접 부동산 투자할 때보다
안전하고 수익률이 좋다

보통 오피스텔이나 상가 등 수익형 부동산은 수익률이 연 3~4%밖에 나오지 않고 취득세·등록세·재산세 등 보유세뿐 아니라 임차인을 구할 때 공인중개사 수수료·수리비 등 각종 비용으로 인해서 실질적으로는 연 3% 정도 수익을 내기 어렵다. 특히 공실이 발생한다면 투자자한테는 큰 타격이다.

어떤 사람은 가격이 올라 매각차익이 발생하지 않느냐고 얘기하는 사람도 있다. 물론 가격이 오를 가능성이 있겠지만 어떤 자산이냐, 얼마에 매수했느냐에 따라 그 변동 폭이 크고 이 또한 불확실하다.

예를 들어 소형 오피스텔은 시간이 갈수록 낡게 되어 임대료 인상이 쉽지 않거나 공실 위험이 있어 가치가 상승하기 어렵다. 최근 부동산 가격이 많이 상승한 상태에서는 가격이 더 오른다는 보장도 없다. 오피스텔은 아파트와 다른 특성이 있다. 아파트는 오래되어도 재건축이나 리모델링을 통해 가치를 높일 수 있으나 오피스텔은 대지지분이 적고 용적률이 높아 재건축이나 리모델링으로 가치를 높이기가 어렵다.

주거용 오피스텔은 주택으로 간주해 다주택이 될 수 있다. 이런 경우 많은 보유세와 양도세에 대한 부담이 있다. 그래서 내가 직접 투자를 하는 것보다는 전문가가 운영해주고 세제 혜택이 있는 간접 투자 방식인 리츠 투자가 더 안정적인 투자 방식이 될 수 있다.

어떤 사람들은 개인의 오피스텔 수익률은 3% 수준밖에 나오지 않는데 리츠는 어떻게 수익률을 6% 이상까지 낼 수 있을지 의문을 가질 것이다. 리츠에는 운용사 수수료도 있는데 말이다. 리츠는 세제 혜택과 레버리지(Leverage) 효과를 활용하고 오피스 빌딩의 경우 관리비의 일부를 수익화할 수 있으며, 리츠가 투자한 건물의 가격이 많이 올라 이에 따른 임대료도 오르고 있기 때문이다.

특히 레버리지 효과에 대해서 오피스 빌딩을 예로 들어보겠다. 오피스 빌딩의 수익은 보통 4% 내외의 임대 수익이 나온다. 오피스 빌딩은 공동주택과 달리 관리비의 남는 부분을 수익으로 잡을 수 있다. 여기에 건물을 담보로 해서 50% 이상의 자금을 차입한다. 회사채 발행이나 건물을 담보로 차입해 3%대 초반으로 빌린다고 가정하면, 차입금에 대한 이자를 지불하더라도 수익률은 5~6% 정도 나올 수 있다.

특히 전문가가 매입 시 시세보다 싸게 매입하고 MD(Merchandising, 상품이 팔리도록 노력하는 활동)와 임차인 우량화 등을 통해서 임대료를 높이면 6% 이상도 나올 수 있다. 단, 모든 리츠가 6% 수익률이 나온다는 얘기는 아니다. 상장된 리츠들은 4% 후반~5% 후반의 수익률이 가장 많다.

리츠의 수익성은 공실률을 줄이고 얼마나 잘 관리해 임대 수익을 높이느냐와 차입금에 대한 이자를 얼마나 낮추느냐, 얼마나 저렴하게 자산을 매입해 수익률을 높이느냐가 관건이다. 전체 규모에 비해 크지는 않지만, 운용사의 수수료도 영향을 미친다. 이러한 일들을 자산운용사가 전문성을 발휘해서 수익성을 높이는 것이다. 그래서 자산운용사가 얼마나 역량이 있는지, 믿을 수 있는 회사인지 등이 중요하므로 어떤 운용사가 관리하는지도 잘 확인해야 할 것이다.

아울러 개인이 투자한 오피스텔을 매각할 때 매각차익이 생기듯이 리츠도 투자한 부동산 가격이 오른 후 매각하면 매각차익을 동일하게 배당받는다. 요즘 건물 가격이 많이 올라가는 추세이므로 매각차익이 많이 발생하고 있다. 이 부분이 매우 커서 매각 공시가 나오면 적극적으로 리츠를 매수하는 것도 좋을 듯하다. 특히 최근의 건물 가격은 개인이 사는 소형 오피스텔보다 리츠에 편입되어 있는 오피스 빌딩 등이 더 많이 오르는 추세다.

다만, 리츠에 개인이 투자할 때 단점은 있다. 바로 배당 세금이다. 배당 세금은 투자자들이 받은 배당금에 세금 15.4%를 제외하고 투자자의 증권 계좌에 들어온다. 개개인은 별도로 납부를 신경쓸 필요가 없다. 이때 배당금과 이자 등 다른 금융소득과의 합계가 2,000만 원이 넘으면 종합과세 대상이 된다. 이럴 경우 다음 해 5월에 종합소득세 신고를 해야 한다.

다른 소득이 없다면 배당금이 2,000만 원이 넘어도 2,000만 원 넘은 부분에 대해 종합과세를 하므로 일반 퇴직자들은 종합소득세를 크게 걱정하지 않아도 된다. 배당 시기는 회사가 결산하고 주주총회를 해서 배당금을 확정하는 절차가 필요하므로 배당권리가 생기는 날짜 이후인 약 3개월 후에 배당금이 들어온다.

포트폴리오 구성을 통해
연중 정기적인 배당을 받을 수 있다

일부 리츠는 1년에 1번 배당을 하지만 국내에 상장된 대부분 자산을 보유한 임대 운영형 리츠들은 6개월에 1번 배당을 한다. 미국의 리츠들은 주로 분기 배당을 하고 있다. 최근 국내 증시에 상장한 SK리츠는 상장 리츠 중 처음으로 분기 배당을 한다. 그러므로 3개의 리츠를 포트폴리오로 구성한다면 2개월에 1번씩 안정적인 배당을 받을 수 있게 구성할 수 있다.

국내 증시에는 장기간 고정 임대료 방식의 책임임대차 계약을 맺은 리츠들이 있다. 이는 일정 기간에 정해진 임대료를 내고 사용하겠다는 것을 책임지겠다는 계약이다. 공실이 생겨도 상관없이 일정 금액을 내겠다는 것이므로 신용도가 안정적인 기업과 맺은 계약이면 임대료가 안정적으로 나올 수 있다.

정보가 오픈되어 있고 가치 평가가 쉬워서 저평가된 리츠를 찾기 쉽다

일반인이 주식을 할 때, 기업 가치를 제대로 파악하기 어렵다는 것이 가장 힘든 점이다. 적정 가격이 얼마인지, 향후에 오를지 내릴지 등 파악하기가 어렵다.

좋다고 하는 주식도 일시적으로 떨어지면 내가 판단한 적정 가격이 제대로 평가한 것인지, 회사에 내가 모르는 문제가 있는지 등이 불안해진다. 그러니 주식을 오래 가지고 있지 못하고 팔아버린다. 그러면 주식은 다시 오르고 주식을 판 것을 자책한다. 이는 투자자들이 기업에 대한 정확한 정보가 없으므로 내재 가치를 정확하게 판단하기 어렵고 자신이 판단했던 것들에 대해 확신이 없기 때문이다. 이런 과정은 어찌 보면 당연하다.

기업이 내부 정보를 모두 오픈할 것인가. 절대 오픈하지 않는다. 기업은 치열한 경쟁을 하다 보니 경쟁사의 정보는 나의 경쟁 무기가 된다. 예를 들어 경쟁사보다 상품을 조금 더 일찍 출시한다든지, 차별화된 상품을 만든다든지 해서 앞서 나가려고 한다.

그래서 상장된 기업들이 오픈하는 정보는 한정될 수밖에 없다. 한정된 정보로 시장 상황과 연계해 자기만의 관점으로 판단하는 것이다. 대부분은 주식을 매수한 후 항상 불안하고 중장기로 가지고 가기 어려우며 주식 시장에서 소중하게 번 돈을 잃기도 한다.

그러면 '저평가된 리츠는 찾기 쉬운 것일까'라고 질문하는 사람도 있을 것이다. 리츠는 대표적인 배당주다. 일반 주식 중에서 배당을 많이 주는 주식도 있지만, 리츠 수준의 배당을 주는 주식은 거의 없다. 일반 기업은 사업이 계속 잘 나갈지, 배당 성향을 지속 유지할 것인지, 긍정적인 경기 변동이 지속될지 등이 확실치 않다.

주식 투자를 하다가 자칫 투자한 기업의 사업이 경기 영향에 따라 실적이 악화되면 배당을 많이 못 줄 뿐 아니라 주가도 많이 떨어질 수 있다. 당연히 기업이 지속 성장해서 주가가 많이 오르고 배당도 많이 준다면 더할 나위 없을 테지만 말이다. 개인이 이러한 주식을 발굴하고 오랫동안 보유할 수 있을까, 자칫 높은 주가에 매수해 상투를 잡지는 않을까에 대한 염려 등은 안정적인 수익을 올리기를 원하는 사람들이 기대하는 바는 아닐 것이다.

자산을 보유해 임대를 주고 있는 임대 운영형 리츠를 예로 들어보자. 임대차 계약은 몇 년에 걸친 계약이므로 임대료는 안정적으로 수입으로 들어오기 때문에 리츠는 예측하기 쉽고 배당금 규모도 거의 일정하다. 그동안의 부동산 추이를 보면 건물 가격은 일시적인 정체는 있어도 중장기적으로 상승 추세이므로 내재 가치를 평가하기가 상대적으로 수월하다.

오피스 건물을 기초 자산으로 하고 있는 리츠를 예로 들어보겠다. 주가가 5,000원이고 연 배당금이 주당 300원이면 배당 수익률이 6%가 나오므로 투자자들이 수익률이 높은 리츠로 판단할 수 있다. 게다가 리츠에 편입된 자산의 가격이 매입가보다 오른 상태이니 말이다. 이렇게 안정된 임대료 수익을 받는 리츠는 내재 가치 평가를 일반 주식에 비해 쉽게 할 수 있어 투자하기에 마음이 편한 것이다.

상장 리츠는 환금성이 매우 좋고 일부 또는 전부를 팔 수 있다

대부분 상장 리츠는 1주당 몇천 원 한다. 그래서 커피값으로 건물주가 될 수 있다고 하지 않는가. 내가 가진 돈을 이용해 몇천 원 단위(1주당 단가)로 주식을 살 수 있다. 그리고 돈이 필요할 때 증시에서 팔면 2거래일에 현금이 들어온다. 즉 월요일에 팔면 수요일에 리츠를 매도한 금액이 들어오는 것이다. 단, 비상장 리츠는 폐쇄형이 대부분으로 사고팔기 어렵다.

부동산을 팔고 살 때 기간이 얼마 걸리는지 생각해보자. 보통 2달

정도 걸리고 각종 서류, 부대비용 등을 생각해보면 절차가 매우 복잡하지 않은가. 그러나 리츠는 주식 시장에서 사고팔 때 간단하게 현금화를 할 수 있다.

지금까지 리츠가 무엇이고 어떤 장점이 있는지 알아보았다. 리츠는 부동산 간접 투자상품으로 개인이 직접 부동산에 투자하는 것보다 장점이 훨씬 많다. 요즘 같은 저금리와 부동산 가격이 오르는 시장에서 안정적으로 투자할 수 있는 매우 좋은 상품이라 할 수 있다.

가정주부 A, 상장 리츠에 투자해
배당과 주가 상승으로 안정적 수익을 얻다

A는 그동안 알뜰살뜰 모은 돈을 더 불리기 위해 주식 투자를 했으나 이익 대신 손실을 봐왔다. 주식에서 손해 본 것을 만회하기 위해 공모주 투자를 하면서 조금씩 이익을 볼 수 있었지만, 사람들의 관심이 공모주에 많이 쏟아지고 기업들은 높은 가격에 공모하면서 수익을 올리기가 어려워졌다. 최근에 남편이 회사에서 나오게 되었고, 퇴직금을 활용해 어떻게 하면 안정적인 월 수익이 들어오게 하는 방법이 없을까 고민을 하게 되었다.

이것저것 고민을 하다가 상장된 주식 중에 리츠가 있으며 배당이 높다는 것을 알게 되었다. 최근에 부동산 가격이 많이 올라 부동산을 보유하면서 임대를 주고 있는 리츠는 안정적으로 배당이 나올 것이라고 판단했다. 그래서 어느 리츠에 투자하는 것이 좋을지 고민하다가 우량 물건을 보유하고 배당 수익률이 5% 후반인 리츠를 남편의 퇴직금 일부를 이용해 4,200원대에 매수했다.

1년도 안 되어 주식 시장에서 리츠의 주가가 4,900원대로 올랐다. 주가 상승분이 약 17% 상승했으며, 배당도 1번(6개월 배당) 받았다. 1년이 되지 않아 주가 상승분과 배당금까지 합해 약 19%의 수익을 올린 것이다. A는 리츠 투자를 매우 잘한 결정이라 생각하고 만족해하고 있으며 다른 리츠에도 관심을 기울여 공부하고 있다.

국내 리츠와 미국 리츠의
차이는

　미국 리츠와 국내 리츠는 부동산을 기반으로 하는 공통점은 있지만, 사업 측면에서 차이가 있다. 미국 리츠는 자기관리리츠가 대부분인 반면 국내 리츠는 위탁관리리츠 위주다. 미국 리츠들은 보유 부동산을 단순히 임대하는 것이 아니라 부동산 관련 사업을 직접 하는 것이다.

　예를 들어 사이먼프로퍼티그룹(SPG)은 프리미엄아울렛 사업을 직접 하고 이퀴닉스는 데이터센터 사업을 한다. 그러다 보니 일반 주식처럼 사업 성장 여부에 따라 주가에도 영향을 많이 미치는 것이다.

　반면 국내 리츠들은 위탁관리리츠로, 보유한 부동산으로 주로 임대료를 받는 회사다. 국내 리츠에는 대부분 상주 인력이 없이 전문 자산관리회사에서 운영하면서 임대료를 받으며 이를 배당 재원으로 한다. 그러다 보니 리스크가 별로 없고 임대료도 거의 일정하다. 특히 배당 수익률이 미국 리츠에 비해서 높다. 해당 섹터가 성장한다고 해서 수익이 대폭 늘어나는 구조가 아니라 임차인과 임대차 계약이 어떻게 되어 있느냐에 따라서 수익이 결정되는 구조다.

예를 들어 어떤 사람은 코로나19로 인해 상업시설들의 수익이 많이 떨어지지 않느냐고 우려하기도 한다. 국내에 상장된 상업시설을 보유한 롯데리츠, 이리츠코크렙, 미래에셋맵스리츠는 롯데, 이랜드그룹, GS리테일과 고정 임대료 방식의 책임임대차 계약(일부 매출 연동도 포함, 연 임대료 상승)이 장기간 되어 있다.

해당 기업들이 사업을 접지 않는 한 계속 임대료를 안정적으로 받을 수 있으므로 문제가 없다. 상업시설이 공실이 나든 사업이 잘되지 않더라도 리츠가 받는 임대료는 거의 동일하다는 얘기다.

임대료가 주 수익원인 국내 리츠는 보유 자산 가격은 오르고 있기 때문에 향후 자산을 매각할 때 매각차익도 특별배당으로 받을 수 있다. 특히 국내 리츠는 주식 시장과의 연관성이 낮은 반면 미국 리츠는 일반 기업의 주식처럼 주식 시장과의 연관성이 높다.

미국 주식과 우리나라 주식의 세금·수수료

구분	미국 주식	국내 주식
양도소득세	22% (연 250만 원까지 비과세)	미부과(단, 대주주 요건 해당 시 납부. 대주주 요건은 코스피 상장종목 1% 이상 보유, 코스닥 상장종목 2% 이상 보유 또는 개별 종목 시총 기준 10억 원 이상 보유해야 함)
배당소득세	15%	15.4%
증권거래세	0.00051%	코스피 0.23%(농어촌특별세 0.15% 포함), 코스닥 0.23%
환전수수료 거래수수료	증권사별로 차이 있음	증권사별 차이 있음
기타	-	배당금·이자 등 금융소득이 2,000만 원 이상일 때 종합과세 대상

* 2023년부터 국내 주식에 금융투자소득세가 신설된다. 증권거래세는 코스피 0.15%(농어촌특별세), 코스닥은 0.15%로 인하한다. 금융투자소득세는 ① 주식·펀드·ETF 등 손실 위험을 안고 투자하는 모든 금융상품에서 투자하고 발생하는 수익에 부과되는 세금이다. ② 국내 주식·ETF·펀드는 5,000만 원까지는 공제, 3억 원 이하 22%, 3억 원 초과분 27.5% 부과, 5년까지 손실금 이월이 가능하다.

3장

국내의 상장 리츠에는 어떤 것이 있고 어떻게 투자해야 하나요?

왜 증시에 상장된 리츠가
투자하기 좋은가

최근 3~4년간 부동산 가격이 많이 오르고 있어 부동산에 투자해 돈을 벌고 싶어 하는 사람들이 많다. 그런데 부동산을 살 돈이 부족하고 어떤 부동산을 사야 할지 모르겠으며 부동산 가격이 하락할 위험이 없는지, 부동산 관리에 골치 아픈 일들이 생기지 않을지 등으로 주저하는 사람들이 많다. 이러한 고민 탓에 부동산에 어떻게 투자하는 것이 좋은지 질문하는 사람들이 적지 않은데, 나는 그 대답에 명확히 말할 수 있다. 증시에 상장된 리츠에 투자하라고 말이다.

증권사 등에서 비상장 리츠에 투자 권유를 받은 사람도 있을 것이다. 비상장 리츠는 증권사에서 공모 등으로 살 수 있고 수익률이 잘 나오는 것도 많다. 그러나 비상장 리츠는 폐쇄형으로 돈이 필요할 때 바로 현금화하기 어렵다는 단점이 있다. 현금화 약점을 극복하기 위해 일부 리츠는 주식 시장에 상장을 추진해 주식처럼 자유롭게 거래할 수 있게 하는 리츠도 있다.

나는 상장된 리츠가 비상장 리츠에 비해 리츠 투자에 처음인 사람들에게는 더 좋다고 생각한다. 그 이유에 대해서 알아보면 다음과 같다.

(1) 상장 리츠는 공시의무 등 규제가 많아 투명하게 운영된다.

반기 보고서, 사업 보고서 등 정기적으로 공시를 의무적으로 해야 한다. 지분 변경, 중요 계약 등의 공시의무로 투자자들은 정보를 얻기 쉽고 회사는 투명하게 운영해야만 한다.

(2) 상장 리츠는 자유롭게 사고팔 수 있어 돈이 필요할 때 현금화가 가능하다.

상장 리츠 매도 시 2거래일(월요일 매도 시 수요일)에 바로 현금이 들어온다.

(3) 상장 리츠가 더 간단한 구조인데 초보자가 이해하기 쉽다.

상장 리츠는 모두가 동등한 권리를 갖는 보통주 위주로 구성되어 있다. 비상장 리츠는 우선주·보통주 등이 있으며 리츠마다 주주 간에 배당 조건이 달라서 처음 리츠를 접하는 사람들은 이해하기 다소 어려울 수 있다.

(4) 상장 리츠는 정보를 얻기 쉽다.

공시의무가 많아 정보를 얻기 쉽다는 얘기는 언급했다. 증권사 등에서 적정 가치 등 분석 자료가 있으며 신문기사 등에서 상장 리츠에 대한 관련 자료가 많아 해당 종목의 정보를 얻기 쉽다.

(5) 상장 리츠를 운용하는 자산운용사는 시장에서 신뢰도가 높은 회사가 많다.

우리나라 상장 리츠의 대부분은 위탁관리리츠인데, 위탁을 맡은 자산운용사들은 시장에서 신뢰도가 매우 높은 자산운용사가 관리한다. 예를 들어 이지스자산운용, 코람코자산신탁, NH농협리츠운용, 신한리츠운용, 롯데AMC 등이다.

한편, 2021년 11월 말 현재, 국내 증시에 상장된 리츠는 16개가 있다. 앞으로 더 늘어날 예정이다. 그러나 상장된 리츠도 주식이라서 증시 상황에 따라 등락이 있을 수 있다. 주식 시장이 폭락할 때 주가가 동반 하락할 수 있으며 좋은 타이밍에 주식을 매입한다면 더 높은 수익률을 올릴 수 있을 것이다.

[표3-1]에서 보듯이 국내에 상장된 리츠는 초기에는 자기관리리

[표3-1] 국내 상장 리츠 현황

	구분	상장일	리츠 유형	홈페이지
1	에이리츠	2011.07.14	자기관리	www.areit.co.kr
2	케이탑리츠	2012.01.31	자기관리	www.ktopreits.co.kr
3	모두투어리츠	2016.09.22	자기관리	www.modetourreit.com
4	이리츠코크렙	2018.06.27	기업구조조정	www.ereits.co.kr
5	신한알파리츠	2018.08.08	위탁관리	www.shalphareit.com
6	롯데리츠	2019.10.30	위탁관리	www.lottereit.co.kr
7	NH프라임리츠	2019.12.05	위탁관리	www.nhprimereit.com
8	이지스밸류플러스리츠	2020.07.16	위탁관리	www.igisvaluereit.com
9	미래에셋맵스제1호리츠	2020.08.05	위탁관리	www.maps1reit.miraeasset.com
10	이지스레지던스리츠	2020.08.05	위탁관리	www.igisresidencereit.com
11	제이알글로벌리츠	2020.08.07	위탁관리	www.jrglobalreit.com
12	코람코에너지플러스리츠	2020.08.31	위탁관리	koramcoenergyplus.com
13	ESR켄달스퀘어리츠	2020.12.23	위탁관리	www.esrks-reit.com
14	디앤디플랫폼리츠	2021.08.27	위탁관리	dndplatformreit.com
15	SK리츠	2021.09.14	위탁관리	www.skreit.co.kr
16	NH올원리츠	2021.11.18	위탁관리	www.nhallonereit.com

자료: 리츠정보시스템

[그림3-1] 리츠정보시스템

츠 중심이었으나 2018년 이후 위탁관리리츠가 대세인 상황이다.

리츠정보시스템 홈페이지(http://reits.molit.go.kr)에 방문해 리츠
에 대한 각종 정보를 알아보자. 홈페이지는 국토교통부가 주무 부처
이고, 한국부동산원에서 운영한다. 리츠 제도에 대한 설명, 운영 중
인 리츠 정보, 리츠와 관련된 통계 자료, 진행 중인 공모 현황 등의 자
료가 있으니 리츠에 투자하기 전에 방문해 기본 정보를 습득해보도
록 하자.

상장된 리츠를
알아보자

　국내 증시에 리츠가 상장된 역사는 그리 길지 않다. 2011년 최초
로 에이리츠가 상장되었고 2012년 케이탑리츠, 2016년 모두투어리
츠가 상장되어 리츠 수가 천천히 늘어났다. 초기에 상장된 이 리츠들
은 자기관리리츠다.

　정부의 공모형 리츠 활성화 정책 등으로 2018년 이후에 본격적
으로 리츠가 증시에 속속 상장하고 있다. 2018년 이전까지는 3개의
리츠가 상장된 반면 2018년 이후 4년간에 걸쳐 13개가 상장되었다.
2021년 11월 현재 상장 진행중인 리츠가 4개 있다. 이렇듯 리츠가
본격적인 성장기로 접어들고 있다.

　2018년 이후 상장된 리츠는 모두 위탁관리리츠다. 단, 이리츠코크
렙은 기업구조조정리츠인데 최근에 위탁관리리츠로 전환을 추진하

고 있다.

국내 리츠는 부동산을 보유하고 이를 임대해 수익을 배당하는 임대 운영형이 주를 이루고 있다. 안정적인 국내 임대 시장을 감안하면 2% 내외의 적은 수익을 내는 예금과 적금·채권보다 훨씬 수익이 높고(배당 수익률 4~7%대) 안정적인 좋은 상품이다.

리츠는 개인적으로 가지고 있는 주식 계좌에서 투자뿐 아니라 개인연금이나 퇴직연금에 편입해서 안정적인 수익을 올리는 것도 좋은 방법일 것으로 생각한다.

아직까지 사람들이 리츠에 대한 개념이 다소 부족해 리츠의 장점을 잘 모르는 것이 현실이다. 그래서 국내에 상장된 리츠를 소개하고 어떻게 투자하면 안정적으로 높은 수익을 올릴 수 있는지 방안에 대해 알아보도록 하겠다.

리츠도 주식이다 보니 리츠에 관한 공부를 해야 하지만 사업 모델이 단순해서 공부량이 다른 주식에 비해 적을뿐더러 한번 경험을 해보면 주식처럼 노심초사하지 않고 스트레스 없이 중장기적으로 투자할 수 있을 것이다.

상장 리츠를 투자하는 데 가장 기본적으로 알아야 하는 핵심 체크 사항과 어떻게 정보를 얻고 어떤 정보를 위주로 공부해야 하는지 아는 것은 중요하다. 주식 투자를 경험해본 사람들은 이해하기 쉬운 내용인데 간단히 소개해보도록 하겠다.

상장 리츠 투자 시
핵심 체크 사항

보유 자산과 전략 방향

리츠가 보유하고 있는 자산이 어떤 자산인지 기본적으로 알아야 한다. 단, 우리나라는 대부분 위탁관리리츠로 직접 사업을 하는 것이 아니라 해당 부동산을 임대하는 비즈니스모델이라는 것을 감안해야 한다.

성장하는 섹터라고 해서 무조건 좋은 리츠이고 어려운 상황에 있는 섹터의 부동산이라고 해서 안 좋은 리츠라고 생각하면 안 된다. 다만 성장하는 섹터가 시장에서 좀 더 인정받는 경우가 많으니 같은 값이면 성장하는 섹터가 좋을 수 있을 것이다. 우리나라의 리츠는 보유 자산의 섹터가 무엇이지보다는 보유 자산의 가치가 상승하고 있는지와 임대계약이 어떻게 되어 있느냐가 더 중요하다고 할 수 있다.

한편 보유 자산의 섹터별로 현 상황을 간단히 체크해보면 다음과 같다. 호텔은 지금이 가장 좋지 않은 상황이나 코로나19가 해소되면 다시 좋아질 것으로 예상하지만, 어느 정도의 기간은 걸릴 것으로 보인다. 상업시설은 코로나19로 다소 어려웠지만, 최근 코로나19에서 점차 벗어날 것으로 기대되어 빠르게 개선될 것이다.

오피스 빌딩은 코로나19로 큰 영향 없이 안정적으로 성장하고 있다. 해외 소재 부동산은 환율과 해당 국가의 부동산 시장 등을 감안해서 판단해야 하므로 해당 국가의 부동산 시장 동향에 관해 관심을 가져야 할 것이다. 물류센터와 데이터센터는 성장하는 섹터이므로 안정적인 수익이 기대된다.

아울러 보유 자산의 가치가 오르고 있는지 확인이 필요한데 개별 부동산의 가치 확인이 어려우므로 섹터별 부동산 시장 동향 자료를 확인해보고, 각 리츠의 사업 보고서에 매입가·감정가를 표시한 자료도 있으니 참고하자. 다만 국내 부동산 가격은 섹터별로 다소 차이가 있지만, 금융위기 등 특별한 상황이 아닌 동안에는 우상향하는 추세로 가격이 상승해오고 있다.

요즘은 리츠들이 한 섹터에 집중하지 않고 멀티 섹터를 지향하고 있다. 이는 안정성·수익성·성장성을 동시에 추구하기 위해서인데, 멀티 섹터가 시장에서 좋은 평가를 많이 받고 있다. 리츠들은 보유 자산을 키우는 작업을 많이 하는데 규모가 커지면 안정성을 높일 수 있고 신용도가 높아 대출 이자율 측면에서 유리하고, 시장에서 관심도 증가하는 등 여러 장점이 있기 때문이다.

임차인과의 계약 구조

국내 상장 리츠는 주로 임대료를 받는 리츠이므로 임차인과의 계약 구조가 특히 중요하다. 현재 임차인들과의 계약에 대해 알아보면 다음과 같다.

국내 상장 리츠 중에서 많은 방식이 책임임대차 계약이다. 이는 임대인에게 매우 유리한 조건이라 할 수 있다. 세부 계약 내용은 다르지만, 기본적으로 책임임대차 계약을 맺으면 공실이 나도 임차인이 떠안아 임대인에게 영향을 미치지 않는다.

책임임대차 계약에서 임대료 책정과 관련해 고정 임대료 방식, 최저 보장 임대료 방식, 매출 연동 방식인지를 확인할 필요가 있으며 매년 임대료 인상률이 얼마인지도 체크해보자.

오피스 빌딩은 대부분이 임차인들과 개별 계약으로 되어 있다. 공실이 나면 어떻게 할지 걱정이 될 수 있는 대목이다. 그래서 리츠의 가중평균 임대차잔존기간(Weighted Average Lease Expiration,

WALE)이 중요한데, 길수록 공실 위험이 상당 부분 제거될 수 있다. 핵심 권역의 오피스 빌딩은 최근의 임대차 시장이 나쁘지 않아 공실이 생겨도 일시적인 타격은 있을 수 있지만 큰 걱정을 하지 않아도 된다.

이자율 증감 가능성

리츠는 수익률을 올리기 위해서 보통 회사채나 재무적 투자자 등으로부터 대출을 받는다. 리츠가 빌리는 이자율은 주로 3% 초반에서 4% 초반 수준이다. 리츠는 리파이낸싱(Refinancing, 재융자)을 통해 이자율을 낮추는데 현재의 이자율이 얼마인지 확인해볼 필요가 있다. 만약 이자율이 높아 리파이낸싱을 추진하고 있는지 확인해야 한다. 리파이낸싱이 되면 이자를 적게 부담해 배당금이 늘어날 수 있기 때문이다.

당기순이익과 영업이익

당기순이익이 늘어나면 당연히 배당이 늘어날 것이다. 간단히 생각해보면 당기순이익 증감을 발행한 주식 수로 나누면 배당의 증감을 알 수 있다. 이는 반기 보고서를 보면 전기 동기 대비 증감을 확인할 수 있으므로 배당금 규모를 예측할 수 있다.

이때 영업이익도 같이 증가하는지 체크해봐야 한다. 영업이익이 하락하는데 일회성 수익으로 당기순이익이 늘어났는지 확인해볼 필요가 있다. 영업이익과 당기순이익이 같이 증가해야 안정적으로 성장하는 리츠라고 할 수 있다.

연도별 배당금

리츠별로 사업 보고서, 반기 보고서 등을 살펴보면 과거 배당금이 얼마인지 나와 있다. 이 배당금 규모에 현재 배당에 영향을 줄 수 있는 상황이 진행 중에 있는지를 보면 향후 배당금 규모를 예측할 수 있다. 예를 들어 당기순이익의 증감 전망, 이자율의 변화, 신규 투자에 대한 배당 예측, 자산 매각 시 매각차익 등을 분석하면 향후 배당금 규모를 예측할 수 있다.

자산 추가 편입

리츠가 자산을 추가 편입할 때는 증자를 하는 경우와 증자 없이 자산을 편입하는 경우가 있다.

첫째, 증자를 통해 자산을 추가 편입할 때를 생각해보자. 먼저 신규 투자하는 자산에 대한 배당 수익률을 확인해야 한다. 기존 자산보다 배당 수익률이 높으면 당연히 배당금이 높아지겠지만, 기존 자산보다 배당 수익률이 낮으면 오히려 배당금은 줄어들 수 있다. 그러므로 신규 편입하는 자산에서 나오는 배당 수익률을 확인해야 한다.

둘째, 증자 없이 자산을 편입하는 경우가 있다. 이는 기존에 투자한 자산의 가치가 높아져 추가 대출을 받고 보유한 자금을 이용해 신규 자산에 투자하는 경우다. 이 경우 대출에 대한 이자율보다 신규 투자한 자산에서 나오는 이익이 높으므로 주식 수는 늘어나지 않으나 이익은 높아져 배당금이 더 늘어날 것이다. 그러므로 증자 없이 자산을 편입하는 경우는 일반적으로 호재로 볼 수 있다.

상장 리츠 투자를 위해
꼭 봐야 할 자료

(1) 금융감독원 전자공시시스템(dart.fss.or.kr)에 접속해 회사명에 정보를 얻기를 원하는 리츠의 이름을 입력해 검색하면 회사 측에서 공시한 내용이 나온다.

[그림3-2] '공시통합검색' 자료 화면

자료: 금융감독원 전자공시시스템

(2) 가장 중요한 공시 중 하나가 '사업 보고서 및 반기 보고서'인데 이 항목을 클릭한다. 회사 개요는 가장 기본적인 내용이니 가볍게 읽어보고 넘어가자.

[그림3-3] 이리츠코크렙의 '회사 개요' 자료 화면

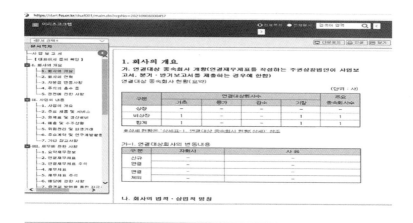

자료: 금융감독원 전자공시시스템

(3) 사업 보고서와 반기 보고서의 '사업의 내용'을 클릭해보자. 영업 개황과 보유 자산에 관한 내용이 나와 있다. 여기서 어떤 자산을 보유하고 있는지, 임차인들과 어떻게 계약이 되어 있는지 등의 내용을 잘 파악해야 한다.

[그림3-4] 이리츠코크렙의 '사업의 내용' 자료 화면

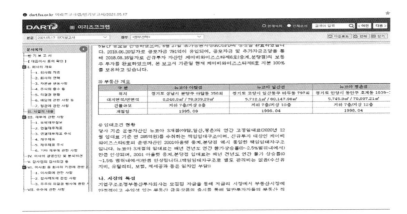

⑷ 사업 보고서와 반기 보고서의 '배당에 관한 사항'을 클릭하고 과거 배당 내용을 확인해보자.

현금 배당 수익률: 1주당 현금 배당금/배당 기준일 1거래일 전부터 과거 1주일간 주가의 산술 평균

[그림3-5] 이리츠코크렙의 '배당에 관한 사항' 자료 화면

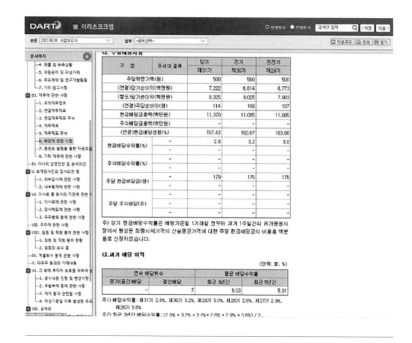

(5) 사업 보고서와 반기 보고서의 요약재무제표 등 재무에 관한 사항을 클릭하고 자산·부채·자본 → 영업수익·영업이익·당기순이익 등 기본적인 재무 상황을 확인해서 재무상태가 좋아지는지 확인해보자. 특히 배당과 관련해 중요한 지표인 영업이익과 당기순이익이 늘어나고 있는지 확인하자.

[그림3-6] 이리츠코크렙의 '요약재무정보' 자료 화면

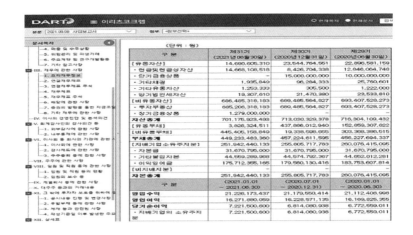

자료: 금융감독원 전자공시시스템

(6) 재간접 리츠의 경우 종속회사(자리츠)의 공시 내용도 모(母)리츠와 매우 밀접한 영향을 미치므로 잘 확인하자. 보통 자리츠 관련 공시는 배당, 유상 증자, 자산 편입 등의 내용이 공시되는 경우가 많으며, 자칫 자리츠의 배당금이 모리츠의 배당금인지 착각하는 경우도 있으니 조심하자. 자리츠의 배당금은 모리츠의 수익이다.

[그림3-7] 이지스밸류플러스리츠의 '공시통합검색' 자료 화면

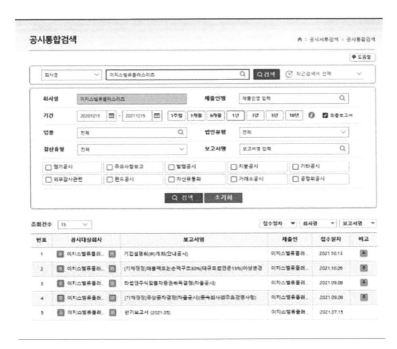

자료: 금융감독원 전자공시시스템

(7) 리츠도 주식이다 보니 증권사 애널리스트가 분석한 자료를 보는 것이 도움이 될 것이다. 증권사별로 일일이 찾아보기는 어려우므로 이러한 자료를 모아놓은 한경컨센서스(consensus.hankyung.com)에서 해당 리츠에 대해 분석한 자료를 찾을 수 있다. 다만 리츠가 주식 시장에서 많은 관심을 받지 못하고 있으므로 대형 리츠 위주로 분석되어 있다. 소형 리츠는 분석 자료가 아직까지 거의 없다.

(8) 해당 리츠의 홈페이지에 접속해서 기본 정보를 얻자. 특히 리츠 소개, 투자 자산과 IR 자료 등을 확인해보자.

[그림3-8] 이리츠코크렙 홈페이지 화면

자료: 이리츠코크렙

(9) 네이버(www.naver.com)에서 찾고자 하는 리츠명을 입력해 검색한 후→ '관련 뉴스'를 클릭하면 → '뉴스공시'로 연결된다. 여기서 해당 리츠의 뉴스와 공시 내용이 나오니 좋은 정보를 얻기 바란다. 네이버에는 뉴스뿐 아니라 종목 분석, 전자공시 등 자료가 많으니 확인해보자.

실제로 [그림3-9]와 같이 네이버에서 이리츠코크렙을 검색해 뉴스 내용을 보면, 배당 수익률에 영향을 미치는 매우 중요한 기사들이 있다. 이는 투자자들에게 매우 중요한 자료이므로 이러한 기사가 나왔을 때 잘 판단해 투자 여부를 결정해야 한다.

[그림3-9] 네이버에서 '이리츠코크렙' 자료를 검색하는 화면

자료: 네이버

국내 상장 리츠 종목별 분석

에이리츠

에이리츠는 상근 임직원이 직접 관리·운영하는 자기관리리츠다. 2011년 1월 국토교통부로부터 영업인가를 받았고 당해 7월 증시에 상장했다. 주 사업은 보유한 부동산에서 나오는 임대료 수익을 받는 것보다는 '부동산 개발 사업 및 지분 투자 사업' 등을 위주로 하는 리츠다. 사업 구조를 보면 분양 매출이 가장 크고 지분 투자 사업, 자산 매각, 소규모 임대 사업이 주요 사업 모델이다.

최근 3사업연도 주요 사업 내용은 다음과 같다. '삼성생명 상계, 광명빌딩 매입 운영 후 재매각 사업'에 지분 투자한 후 이를 매각해 차익을 실현했다. '남양주시 토지'를 매입한 후 운영하다가 토지를 매각해 매각차익을 실현했다. 가장 큰 비중을 차지하는 개발 사업과 관련해 '영등포구 문래동 공동주택 분양 및 준공공임대주택 임대 운영' 사업을 했는데, 분양 사업은 수익화를 완료(배당 완료)했고 임대주택과 상가는 임대 운영 중에 있다. 개발 중심의 리츠이다 보니 임대 운영을 통한 수익은 크지 않다.

현재 진행하고 있는 개발 사업은 대구광역시 중구 주상복합 신축을 추진하고 있다. 238세대의 아파트와 상가를 분양하는 사업이다. 그러나 분양을 계획 중에 있어 수익에는 반영되지 못하고 있다.

회계연도는 매년 1월 1일부터 12월 31일까지이며 최근 3개년 매출 형태별 실적은 [표3-2]와 같다.

[표3-2] 에이리츠 매출 형태별 실적

(단위: 백만 원)

구분	제12기(2021) 3분기	제11기 (2020)	제10기 (2019)	비고
분양 수익	-	47,930	60,321	문래동 분양 사업
토지 매각 수익	-	5,000	-	남양주 토지 매각
부동산 펀드 배당 수익	6,618	547	519	지분 투자 사업
부동산 임대 수익	496	19	31	문래동 임대주택, 상가 임대
합계	7,114	53,496	60,871	

자료: 분기 보고서

2021년 3분기까지는 지분 투자 사업의 매각차익이 반영되었고 분양 수익은 반영되지 않았다. 대구광역시 주상복합 사업을 진행하고 있으므로 향후 사업 일정에 따라 분양 수익이 반영될 것으로 보이나 2021년에는 분양 수익이 크지 않을 것으로 보인다.

에이리츠는 보유 부동산이 많지 않으므로 임대 운영형 수익이 많지 않다. 개발 사업과 매각 및 지분 투자를 통한 수익이 배당의 주요 재원이므로 배당 규모를 예측하려면 지속적으로 공시 등을 통해 사업 진행을 모니터링하고 분석하는 작업이 필요하다.

배당 수익률

결산은 매년 12월 말이며 배당은 12월 말 기준으로 1년에 1번 한다. 2019년은 현금 배당 6%, 주식 배당을 1주당 0.0318주를 해 준수한 배당을 했다. 2020년은 개발 사업이 종료됨에 따라 이익이 많이 발생해 현금 배당(750원, 배당 수익률 8.7%)과 주식 배당(1주당 0.112주)으로 상당히 많은 배당을 했다.

개발 사업은 개발을 종료한 후 남거나 부족하면 이익과 손실을 반영한다. 보통 개발 사업자들은 개발을 종료한 후 계획 대비 예산이 남도록 자금을 관리하는 경향이 있으므로 프로젝트가 종료될 때 계획 대비 이익이 더 남는 경향이 있다.

3년 평균 배당률은 7.1%, 최근 5년간은 6.7%를 해 높은 배당 수

[표3-3] 에이리츠 배당 수익률*

구분	11기 (2020.1.1~12.31)	10기 (2019.1.1~12.31)	9기 (2018.1.1~12.31)
주당 배당금 (주식 배당)	750원 (0.112주)	428원 (0.0318주)	318원 (-)
현금 배당 수익률**	8.7%	6.0%	6.4%

* 시가 기준(이하 상장리츠 배당 수익률은 시가 기준)
** 주식 배당 미반영
자료(배당금): 사업 보고서

[그림3-10] 에이리츠의 주가 추이

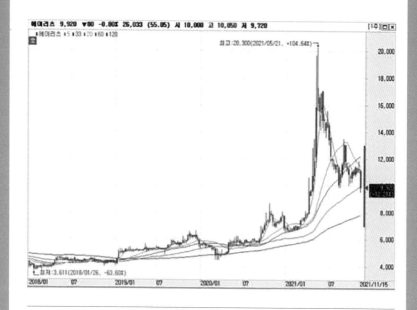

익률을 올리고 있다. 그러나 최근에 주가가 많이 올라서 현 수준의 배당 수익률을 맞추려면 예전보다 높은 수익을 올려야 할 것이다.

에이리츠는 개발회사의 특성상 국내에 상장된 리츠 중에서 가장 '고위험 고수익(High Risk High Return)'의 특성을 보인다. 그동안 성공적 개발 사업 진행으로 배당이 높았으며, 이에 따라 주가도 상장된 리츠 중에서 가장 높게 형성되어 있다. 다만 [그림3-10]의 주가 추이를 보면 2021년에 급격히 올랐다가 조정받는 모습을 보인다.

투자 판단

보유 부동산의 임대 수익 같은 고정적 수익 규모가 적고, 부동산 개발 중심의 리츠이다 보니 주가가 다른 리츠에 비해 변동성이 크다. 분양을 통해서 수익이 많이 들어오면 배당이 많아지고 분양 사업이 부족할 때는 수익이 줄어드는 경향이 있다. 이를 극복하기 위해 운용사가 중장기적인 계획을 세워서 수익을 높이기 위한 노력을 하고 있는 것이다. 아울러 부동산을 매입한 후 매각할 때와 지분 투자에 대한 매각 시 그 차익도 주 수익원이다.

안정적인 부동산 임대를 통한 수익이 거의 없다 보니 안정적 배당을 원하는 사람들에게는 어울리지 않는 주식이다. 임대 운영 사업을 하는 다른 리츠에 비해 변동성이 커서 회사에 대해 잘 모른다면 투자하기 어려울 수 있다. 다만, 개발 이익에 따른 수익성 변동이 크고 주가 변동도 크므로 이 리츠에 투자하려면 사업에 관한 공부를 많이 하면 높은 수익을 올릴 수 있다.

안정성을 원하는 사람보다는 해당 종목 공부를 하면서 다소 공격적인 투자를 원하는 투자자에게 맞는 리츠다. 개발 사업의 성공으로 개발 이익이 많이 남았을 때 배당이 높아지고 주가가 상승할 가능성이 크지만, 이후 후속 프로젝트의 지연 시 배당과 주가 하락이 우려되니 후속 사업 진행과 주가 수준 등을 고려해 투자해야 한다.

🔑 TIP

분양 시 개발 사업자의 매출과 이익은 언제 어떻게 반영되나요?

일반적으로 분양 사업의 매출은 토지비와 건설비 등 분양 원가에 이익 등을 포함한 것이다. 이는 공사 기간 동안 공정에 따라 매월 매출과 이익을 반영한다. 공사가 끝나면 정산해서 남는 예산을 이익과 손실로 잡는다.

보통 개발 사업자들은 어떻게 해서든 이익을 남기기 위해 노력하므로 정산 시 이익이 계획 대비 더 남는 경향이 있다. 그래서 프로젝트가 끝나면 이익이 더 반영되는 경향이 있다.

예를 들어보자. A프로젝트 계획을 수립할 때 토지비가 92억 원, 공사비 등 건설 원가가 100억 원, 이익을 48억 원으로 세웠다고 가정하자. 이때 총매출은 240억 원, 이익은 48억 원이다. 공사 기간은 24개월이고 매월 공정이 동일하다고 가정하면 이 프로젝트는 매월 매출이 10억 원, 이익이 2억 원이 된다. 24개월 동안 동일하게 매출과 이익이 산정되고 프로젝트가 끝난다.

프로젝트를 종료한 후 그동안 비용을 덜 사용해서 5억 원이 남았다고 가정하면 정산하는 달에 5억 원이 추가로 이익으로 반영된다. 그러면 총매출은 240억 원, 이익은 53억 원이 된다.

케이탑리츠

케이탑리츠는 자기관리리츠로 2012년 1월에 상장되었다. 다수의 기관과 개인 투자자들로부터 자금을 확보해 부동산과 부동산 관련 증권에 투자 운용하는 회사다. 주로 보유한 부동산의 임대 사업에서 나온 수익을 주주들에게 배당한다.

이런 유형의 임대 운영형 리츠는 보유한 부동산이 어떤지, 임차인과의 계약이 어떤 조건으로 되어 있는지, 공실 현황과 앞으로의 공실 가능성이 어떤지, 수익이 제대로 나오고 있는지, 앞으로의 성장 가능성이 있는지 등이 중요하다.

투자 부동산

투자 부동산은 상업·업무·교육연구시설 등 7개 건물 약 2,140억 원 규모다.

[표3-4] 상업시설 ① 김포빌딩

개요	대지면적: 1,372.2m², 연면적: 9,470.36m², 지하 3층~지상 8층 경기도 김포시 걸포로 6
가치	매입가: 143억 원 공정가치평가액: 178억 원
특징	아파트 단지(약 2,500세대)를 배후로 둔 지역 상권 내 랜드마크 영화관 등 유명 브랜드와 병원·음식점 등 다양한 임차인 구성

• 공정가치평가액은 2020년 12월 31일 기준으로 평가된 금액
자료: 반기 보고서

[표3-5] 상업시설 ② 쥬디스 태화 본관

개요	대지면적: 1,961.30m² 중 809.73m² 구분소유 연면적: 15,926.92m² 중 6,578.19m² 구분소유 지하 3층~지상 9층 중 지상 2층~지상 5층 구분소유 부산광역시 부산진구 중앙대로 694
가치	매입가: 143억 원 공정가치평가액: 215억 원
특징	부산 지역 5대 상권 중 핵심 지역으로 높은 임대 안정성 유휴 용적률 확보(현 628%, 법적 용적률 1,000%)

• 공정가치평가액은 2020년 12월 31일 기준으로 평가된 금액
자료: 반기 보고서

[표3-6] 업무시설 ① 에이제이빌딩

개요	대지면적: 3,151.2m², 지하 3층~지상 15층 서울특별시 송파구 문정도시개발지구 5BL 5-4, 5-5
가치	매입가: 830억 원 공정가치평가액: 891억 원
특징	서울 동남권의 성장 허브인 문정도시개발지구 내 위치 대기업 본사에서 장기 책임 임대차계약

• 공정가치평가액은 2020년 12월 31일 기준으로 평가된 금액
자료: 반기 보고서

[표3-7] 업무시설 ② 미원빌딩

개요	대지면적: 3,696m² 중 373.26m² 구분소유 연면적: 36,106.02m² 중 3,646.22m² 구분소유 전체(지하 5층~지상 21층) 중 구분소유(지상 14층, 19층) 서울특별시 영등포구 국제금융로 70 미원빌딩 14, 19층
가치	매입가: 91억 원 공정가치평가액: 118억 원
특징	국제금융로 대로변에 위치, 높은 인지도 회계법인·연구소·운용사 등 임차인

• 공정가치평가액은 2020년 12월 31일 기준으로 평가된 금액
자료: 반기 보고서

[표3-8] 업무시설 ③ 화정빌딩

개요	대지면적: 1,327.8m², 연면적: 17,255.64m², 지하 4층~지상 12층 경기도 고양시 덕양구 화중로 72
가치	매입가: 367억 원 공정가치평가액: 464억 원
특징	화정 지역의 랜드마크로 중심 상업 지역 핵심 상권 위치 금융업과 근생업종으로 다양한 임차인 구성

• 공정가치평가액은 2020년 12월 31일 기준으로 평가된 금액
자료: 반기 보고서

[표3-9] 업무시설 ④ 완정빌딩

개요	대지면적: 743.1m², 연면적: 3,876.08m², 지하 2층~지상 7층 인천광역시 서구 원당대로 649
가치	매입가: 63억 원 공정가치평가액: 77억 원
특징	인천지하철 2호선 완정사거리역 위치 국민은행, 3대 손해보험사 등 법인 임차인으로 구성

• 공정가치평가액은 2020년 12월 31일 기준으로 평가된 금액
자료: 반기 보고서

[표3-10] 교육연구시설 ① 서초빌딩

개요	대지면적: 989.9m², 연면적: 4,588.44m², 지하 3층~지상 6층 서울특별시 서초구 반포대로 4길 58
가치	매입가: 171억 원 공정가치평가액: 222억 원
특징	지하철 3호선 남부터미널역과 서울남부터미널 인접 외국인학교와 장기 책임임대차 계약

• 공정가치평가액은 2020년 12월 31일 기준으로 평가된 금액
자료: 반기 보고서

부동산 자산

투자 자산이 초우량급(이하 프라임급) 건물이 아니라 주로 중소형 건물 위주로 구성되어 있다. 일부는 건물의 구분소유를 하고 있으며 상업시설, 업무시설, 교육연구시설 등 다양하게 구성되어 있다. 업무시설의 비중이 가장 크고 다음은 상업시설, 교육연구시설 순이다.

서울·수도권·부산 등의 지역에 부동산을 보유하고 있으며 해당 지역의 교통이 편리한 곳에 있다. 다만 상업시설 임대는 코로나19로 인해 좋지 않은 영향이 있는 것으로 보이며, 구분소유의 건물은 자산 가치 측면에서 제 가치를 인정받지 못할 가능성 있다.

구분소유 건물은 개발에 대한 제약, 건물 관리에서 다른 소유자와의 이견, 매각의 어려움 등으로 시장에서 제 가치를 인정받기 어려운 단점이 있다.

하지만 케이탑리츠의 업력이 오래되어 보유한 부동산들이 가격이 오르기 전에 취득했으므로 취득가가 공정가치평가액 대비 낮은 장점이 있다.

연도별 수익

연도별로 보유 부동산에서 나오는 임대 수익과 관리비는 큰 차이는 없고 조금씩 상승하고 있다. 재평가 이익을 영업 수익에 반영하고 있고 특히 2020년은 부동산 가격 상승으로 재평가 이익이 95억 원

[표3-11] 케이탑리츠 포괄 손익 계산서 요약

(단위: 백만 원)

구분		제12기(2021) 3분기	제11기 (2020)	제10기 (2019)	제9기 (2018)
영업 수익	임대 수익 등	9,573	11,687	11,179	10,126
	재평가 이익*	-	9,503	3,163	908
영업이익		6,396	16,986	10,466	7,215
당기순이익		3,380	11,158	5,440	3,345

* 재평가는 매년 12월 말 기준으로 하므로 12월에 재평가 이익을 반영
자료: 사업 보고서·반기 보고서·분기 보고서(재편집)

이나 반영되었다. 재평가 이익은 향후 매각 시를 대비해서 이익 잉여 금에 반영하고 있는 것으로 보인다.

아울러 [표3-11]의 포괄 손익 계산서를 보면, 제12기 3분기 누적 당기순이익이 전년 동기 대비 약 16% 상승했다.

배당 수익률

결산은 매년 12월 말이며 배당은 12월 말 기준으로 1년에 1번 한 다. 연 배당금은 2020년에 80원(배당 수익률 6.7%), 2019년은 현금 25원, 주식 0.025주(현금+주식 배당 수익률 4.5%)를 배당했다. 최근 3년간 평 균 배당 수익률은 4.9%, 최근 5년간 평균 배당 수익률은 4.76%다.

[표3-12] 케이탑리츠 배당 수익률

구분	11기 (2020.1.1~12.31)	10기 (2019.1.1~12.31)	9기 (2018.1.1~12.31)
주당 배당금	80원(-)	25원(0.025주)	20원(0.02주)
현금 배당 수익률	6.7%	2.6%	1.8%

자료(배당금): 사업 보고서

[그림3-11] 케이탑리츠의 주가 추이

투자 판단

케이탑리츠는 중소 규모의 여러 투자 부동산을 보유하고 있고 해당 지역의 편리한 교통 등 좋은 위치에 있어 공실 걱정은 크게 하지 않아도 될 것 같다. 특히 상업시설은 코로나19가 종식되면 임대료 수익이 늘 수 있을 것으로 보인다.

2020년 배당 수익률이 높았던 이유는 주가가 1,200원 내외로 지금보다 낮은 상황이었고, 임대 수익도 전년 대비 10억 이상이 늘었기 때문이다. 2021년 3분기 누적 당기순이익은 전년 동기 대비 약 16% 늘어 배당금이 늘어날 가능성이 크다. 다만 자기관리리츠인 케이탑리츠의 최종 배당금 규모는 회사의 배당 정책에 의해 결정될 것이다. 자기관리리츠는 2021년 12월 31일까지 50% 이상만 배당하면 된다 (위탁관리리츠는 90% 이상 배당해야 하지만 자기관리리츠는 특례로 2021년까지는 50% 이상만 배당해도 됨).

🔍TIP

분기·반기 보고서를 통한 배당금 전망

분기 또는 반기 보고서는 회계연도 중간에 회사의 상황을 알려주는 보고서이므로 잘 볼 필요가 있다. 특히 영업이익, 당기순이익의 증감이 전기 대비 나와 있는데 케이탑리츠의 2021년 3분기 보고서를 참고해보자. 케이탑리츠의 제12기 3분기 포괄 손익 계산서를 보면 다음과 같다.

(단위: 백만 원)

구분	제12기 3분기(2021.1.1~9.30)		제11기 3분기(2020.1.1~9.30)	
	3개월	누적	3개월	누적
영업 수익	3,319	9,573	2,897	8,684
영업비용	872	3,178	795	2,921
영업이익	2,447	6,396	2,101	5,763
당기순이익	1,364	3,380	1,162	2,906

자료: 분기 보고서(요약)

이 포괄 손익 계산서와 같이 케이탑리츠의 2021년 3분기 누적 영업이익과 당기순이익이 전년 동기 대비 증가하고 있음을 알 수 있다. 영업이익이 증가하고 있는 것은 본연의 사업인 임대 사업이 잘되고 있다는 얘기이고, 이에 따라 당기순이익이 늘고 있는 것은 배당 측면에서 좋은 신호다.

이 같은 실적이 나오는 위탁관리리츠라면 당기순이익의 90% 이상을 배당해야 하므로 금번 배당에는 배당금이 당연히 늘어날 것을 예상할 수 있다. 케이탑리츠는 자기관리리츠이므로 90% 이상 배당 의무 조건이 없지만, 실적이 좋아지고 있으므로 제12기의 배당은 늘어날 가능성이 크다.

리츠는 분기·반기 보고서를 보고 배당 전망을 하고, 현 주가에 따라 투자 의사를 결정하는 것이 필요하다. 주가와 배당을 같이 봐야 하는 이유는 당기순이익이 늘었지만, 주가가 더 많이 오르면 오히려 배당 수익률이 떨어지기 때문에 주가가 적정할 때 매수하는 것이 바람직하다.

모두투어리츠

모두투어리츠는 자기관리리츠로 2016년 9월에 상장되었다. 투자 부동산이 호텔이며 직접 호텔을 운영하는 것이 아니라 호텔 운영사에 건물을 임대하고 임대 수익을 주주들에게 배당하고 있다. 부가적으로 부동산 펀드에 투자해 배당 수익과 일정 기간 보유한 후 매각해 차익을 수익화하고 있다. 모두투어리츠는 자산 규모가 약 1,080억 원대다.

[3-13] 모두투어리츠 자산 구성(2021년 6월 말 현재)

(단위: 백만 원, %)

항목		자산총액	비율	총 자산 대비 구성비율
부동산	토지와 그 정착물 등	92,526	85.92	85.92
	부동산 개발 사업	-	-	
부동산 관련 유가증권		8,807	8.18	8.18
현금		3,778	3.51	3.51
기타 자산		2,583	2.40	2.40
총계		107,694	100.00	100.00

자료: 분기 보고서

투자 부동산

투자 자산의 약 86%를 차지하고 있는 4개 호텔을 매입해 호텔 운영사에 임대를 하고 있다.

[표3-14] 모두투어리츠 투자 부동산

구분	스타즈호텔			
	명동 1호점	명동 2호점	동탄점	독산점
주소	서울시 중구 충무로9길 20	서울시 중구 수표로 16	경기도 화성시 석우동 34-8	서울시 금천구 시흥대로 315
호텔 운영	호텔 운영사에 임대			
연면적	7,945.98m²	5,163.73m²	6,010.24m²	14,668.02m²
규모	지하 4층 지상 10층	지하 3층 지상 13층	지하 2층 지상 10층	지하 3층 지상 15층
시설 계획	150실	174실	93실	258실
장부가 (감정평가)*	261억(389억)	208억(282억)	170억(186억)	289억(387억)

* 감정평가는 2020년 12월 말 시행
자료: 반기 보고서(재편집)

유가증권 투자

경기도 의정부시 민락동 해동본타워에 10.5% 지분인 20억 원을 투자했고, 5개 홈플러스 매장을 기초 자산으로 한 펀드(100억 원 규모)에 65% 지분을 투자했다. 부동산 펀드에 투자함으로써 부동산 포트폴리오의 다각화를 하고 있고, 펀드로부터 받은 수익을 통해서 주주에게 배당하고 있다. 펀드를 일정 기간 운영한 후 매각한다면 건물 가격의 상승으로 인해 매각차익 또한 기대할 수 있다.

투자 부동산 임대 조건

　보유 자산의 가장 큰 비중을 차지하는 호텔의 임대 구조를 보면 모두투어리츠의 주요 사업 내용과 배당 가능성을 추정해볼 수 있다. 계약 조건상 최소 보장 임대료는 코로나19 상황에서 매우 중요한 조건이다. 현재와 같이 호텔 사업이 적자가 나고 있는 상황에서 이 조건 덕분에 적지만 배당할 수 있는 재원이 되고 있다.

[표3-15] 스타즈호텔 임대 조건

구분	명동 1호점	명동 2호점	동탄점	독산점
임대료	호텔 전체 매출액의 44%	객실 매출액의 44%	객실 매출액의 43%	객실 매출액의 39%
최소 보장 임대료 ①	연 18억 4,500만 원	연 15억 5,200만 원	연 11억 3,000만 원	연 18억 원*
최소 보장 임대료 ②	매년 최소 보장 임대료는 3% 인상		임대 계약 기간이 5년 경과한 후부터 전국소비자물가지수 변동률 상하 3% 범위 내에서 1년 단위로 재조정하는 것으로 규정되어 있으며, 코로나19로 인한 경기 침체와 영업 상황 등을 고려해 2021년 임대료는 증감 없이 연 11억 3,000만 원으로 합의	-
식음 매장 임대료	1F(근린생활시설) 월 600만 원	-	연 3,000만 원	1F(판매시설) 월매출액의 13% 1F(부대시설) 월 4,800만 원

* 2019년 16억 원, 2020년 17억 원, 2021년 이후 18억 원
자료: 반기 보고서

배당 수익률

결산은 매년 12월 말, 배당은 12월 말 기준으로 1년에 1번 한다.

연 배당금은 2020년에 150원(배당 수익률 5.07%), 2019년은 168원(배당 수익률 5.96%)을 배당했다. 최근 3년간 평균 배당 수익률은 4.57%, 최근 5년간 평균 배당 수익률은 3.59%다.

배당금이 연 150원이었는데 배당 수익률이 생각보다 높다고 생각할 수 있는데, 이는 주가가 낮은 수준이었기 때문이다. 상장한 이후 주가가 다소 하락했지만 코로나19 이후 호텔이 정상화될 때 등을 감안해 투자 시점을 고려해야 한다.

모두투어리츠의 연도별 영업 수익과 당기순이익을 보면 [표3-17]과 같다. 2019년 대비 2020년의 영업 수익이 많이 하락했다. 이는 2020년은 코로나19 영향으로 최소 보장 임대료 수준만 받아 하락한 것으로 판단된다. 향후 호텔 사업이 정상화되어 임대료가 최소 보장 임대료 이상으로 올라가야 배당도 더 늘어날 것으로 판단된다.

[표3-16] 모두투어리츠 배당 수익률

구분	7기(2020.1.1.~12.31)	6기(2019.1.1~12.31)	5기(2018.1.1~12.31)
주당 배당금	150원	168원	82원
현금 배당 수익률	5.07%	5.96%	2.67%

자료(배당금): 사업 보고서

[표3-17] 모두투어리츠 연도별 영업 수익과 당기순이익

(단위: 백만 원)

구분	제8기 3분기(2021.1.1~9.30)	제7기(2020.1.1.~12.31)	제6기(2019.1.1~12.31)
영업 수익	5,283	6,604	7,640
영업비용	2,486	3,034	2,934
영업이익	2,797	3,571	4,706
당기순이익	950	1,189	2,727

자료: 분기 보고서

[그림3-12] 모두투어리츠의 주가 추이

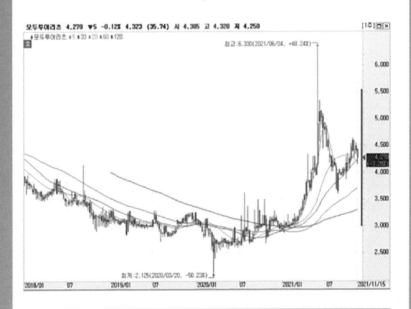

투자 판단

호텔은 코로나19의 영향으로 가장 큰 피해를 입은 업종 가운데 하나다. 호텔 운영사 입장에서는 영업이익이 적자인 상황이고 그나마 모두투어리츠는 임대 사업자로서 호텔 운영사로부터 최소 보장 임대료를 받는 조건이 있기 때문에 이익이 나고 배당도 가능한 것이다.

배당 규모는 코로나19 영향이 당분간 이어질 것으로 보이고 현 수준에서 크게 나아지지 않을 것으로 생각한다. 다만, 배당 정책에 따라 변동 여력은 얼마든지 있을 수 있다. 이익 규모가 코로나19 영향이 없던 2019년 실적 이상이 되고, 배당 규모를 높여야만 주주 가치 제고가 될 것이므로 이러한 조건이 맞을 때가 안정적인 투자 시점으로 판단된다.

모두투어리츠는 2020년 말 감정평가를 시행했는데 그 결과 장부가 대비 높게 결과가 나왔다. 향후 호텔이 정상화되어 감정평가 수준으로 매각된다면 매각차익을 기대할 수 있을 것이다. 이때 투자자들은 이익을 향유할 수 있을 것이지만 최근에 호텔 매물이 늘어나고 있고 외국 관광객 수 회복 기간 등 여건을 고려해보면 다소 시간이 걸릴 것으로 보인다.

이리츠코크렙

이리츠코크렙은 2005년 기업구조조정리츠로 설립되었으며 2018년 6월 증시에 상장했다.

상장 시 보유한 부동산 자산(뉴코아 3개 점)의 운용을 통한 임대 수익을 주주에게 배당하고 있으며 신규 투자 자산인 '케이비와이즈스타제6호'(2001아울렛 중계점, 2001아울렛 분당점 보유)에 투자를 완료해 자산 규모를 확대했다.

투자 부동산 규모(자리츠 포함)는 약 6,850억 원대다.

투자 부동산

[표3-18]과 같이 뉴코아아울렛 3개 점의 부동산 자산을 직접 보유하고 있다.

위탁관리부동산투자회사인 케이비와이즈스타제6호의 지분 100%를 보유하고 있어 간접 소유 방식이지만 실질적으로 소유하고 있다고 봐도 무방하다. 이 투자회사는 2001아울렛 중계점, 2001아울렛 분당점을 보유하고 있다.

[표3-18] 이리츠코크렙 투자 부동산

구분	뉴코아 야탑점	뉴코아 일산점	뉴코아 평촌점
위치	경기도 성남시 분당구	경기도 고양시 일산동구	경기도 안양시 동안구
대지면적	8,046㎡	5,712㎡	5,745㎡
연면적	76,939㎡	60,147㎡	70,097㎡
건물 규모	지하 7층, 지상 8층	지하 7층, 지상 10층	지하 7층, 지상 12층

자료: 반기 보고서

임대 조건

뉴코아아울렛 3개 점은 연간 고정 임대료(2020년 12월 임대료 기준 연 285억 원)를 수취하는 책임임대차 구조다. 매년 임대료 인상률은 전년도 연간 물가상승률(0~2.5% 범위) 내에서 인상하도록 되어 있다. 2001아울렛 중계점과 분당점 역시 책임임대차 구조이다. 매년 전년도 연간 물가상승률(0~1.5% 범위) 내에서 인상하도록 되어 있다.

이리츠코크렙의 가장 큰 강점은 임대차 계약이 고정 임대료 방식의 책임임대차 계약이라는 사실이다. 이는 공실이 나더라도 일정한 임대료를 수취하기 때문에 코로나19에도 공실 등에 영향을 받지 않고 안정적으로 배당이 나오는 리츠다.

수선유지비, 유틸리티비용, 보험, 제세공과금 등은 임차인이 부담하는 구조로 별도 관리비는 없다. 이러한 계약 구조는 미국의 유사

뉴코아아울렛 일산점(경기도 고양시 일산동구 중앙로 1206)

[표3-19] 이리츠코크렙의 연도별 영업 수익과 당기순이익

(단위: 백만 원)

구분	31기(2021.1.1~6.30)	30기(2020.7.1~12.31)	29기(2020.1.1~6.30)
영업 수익	21,226	21,179	21,112
영업이익	16,272	16,228	16,169
당기순이익	7,222	6,814	6,773

자료: 사업 보고서

섹터인 사이먼프로퍼티그룹과는 다른 사업 구조로 훨씬 안정적이면서 수익성이 높은 리츠이다.

[표3-19]의 요약된 연결재무제표를 보면 고정 임대료의 책임임대차 방식의 효과를 알 수 있다. 영업이익에 연 인상률이 반영되어 조금씩 일정하게 상향하고 있다.

배당 수익률

6개월 단위로 배당하며, 6월 말과 12월 말을 기준으로 한다.

최근 1년간 354원(배당 수익률 6%)을 배당했으며, 최근 3년간 연 배당 수익률은 6.03%, 최근 5년간은 5.91%로 높은 수준으로 일정하게 나오고 있다.

특히 최근 이자를 절감하기 위해 대출에 대한 리파이낸싱을 성공

[표3-20] 이리츠코크렙 배당 수익률

구분	31기(2021.1.1~6.30)	30기(2020.7.1~12.31)	29기(2020.1.1~6.30)
주당 배당금	179원	175원	175원
현금 배당 수익률	2.8%	3.2%	3.0%

자료(배당금): 사업 보고서

[그림3-13] 이리츠코크렙의 주가 추이

했는데 32기(2021.7.1~12.31) 배당부터는 배당금이 상승할 것으로 전망된다. 기존의 4%대인 차입금을 3% 초반대 이율로 발행해 일시에 상환한 것이다. 이를 통해 비용이 연 20여 억 원 절감되고 당기순이익이 증가하므로 배당금이 상승할 것으로 전망된다.

32기 반기 보고서를 보면 이자 비용이 절감되어 32기 반기 누적 당기순이익이 31기 반기 대비 약 10.2억 원 상승했다. 이자 비용이 약 10억 원 절감된 셈이다.

투자 판단

이리츠코크렙은 안정적으로 배당이 나오는 리츠(배당 수익률이 최근 3년간 6.03%, 최근 5년간 5.91%)다. 주가(2021년 11월) 대비 배당 수익률은 6% 이상이 나올 수 있는 리츠이기도 하다. 상업시설이다 보니 코로나19 영향이 있을 것이고 온라인 쇼핑의 확대로 수익이 줄지 않을까 걱정하는 사람도 있다.

언급한 대로 이리츠코크렙은 이랜드그룹과의 고정 임대 방식의 책임임대차 계약을 맺어 안정적으로 수익이 들어오는 구조이며 매년 임대료가 상승하는 것으로 계약되어 있다.

특히 최근에 이자를 낮춰 배당을 높이기 위한 리파이낸싱은 주가가 한 단계 레벨 업 되는 모멘텀이 될 수 있다. 이리츠코크렙은 가치를 분석하기 매우 쉽다. 연 배당이 거의 정해져 있는 상황에서 기대 수익률을 정해놓고 현 주가가 낮을 때 사고, 높을 때 팔면 좋은 성과를 낼 수 있는 리츠다. 안정적으로 배당 수익을 올리기를 원하는 투자자에게 좋은 리츠라고 판단된다.

이리츠코크렙의 주주 구성은 ㈜이랜드리테일이 75%를 보유하고 있다가 2021년 7월 1일 자로 블록딜(Block Deal, 증권 시장에서 기관 또는 큰손들의 대량 매매)로 약 780만 주를 매각하고, 10월 26일 자로 약 374만 주를 매각해 56.85%를 보유하고 있다.

이렇게 블록딜로 매각하는 이유는 구조조정리츠를 탈피해 위탁관리리츠로 전환하고 외부 자산 확대 등을 통해 성장을 추진할 계획으로 알려졌다. 위탁관리리츠는 대주주 지분이 50% 이하여야 하므로 앞으로 약 440만 주 정도를 더 매각해야 한다.

최근에 이 블록딜 물량이 시장에 풀리면서 주가에 영향을 주고 내재 가치를 반영하지 못하고 있지만, 조만간 물량이 소화되면서 시장에서 가치를 인정받을 것으로 전망된다.

반기 보고서를 통한 이자 비용과 당기순이익 증가 확인

반기 보고서를 보면 영업이익, 당기순이익의 증감을 전기와 비교해놓았는데 이리츠코크렙의 제32기 반기 보고서를 참고해보자. 이리츠코크렙의 제32기 반기 연결 포괄 손익 계산서를 보면 다음과 같다.

(단위:백만 원)

구분	제32기 반기 (2021.7.1~9.30)	제31기 반기 (2021.1.1~3.31)
영업 수익	10,640	10,611
영업비용	2,462	2,511
영업이익	8,178	8,101
금융 비용	3,697	4,669
당기순이익	4,488	3,465

자료: 반기 보고서(요약)

이 연결 포괄 손익 계산서와 같이 이리츠코크렙의 제32기 반기 영업 수익과 영업이익이 조금씩 상승하고 있다. 이는 고정 임대료 방식의 책임임대차 계약으로 연 임대료 인상율이 반영된 결과로 볼 수 있다. 특히 회사 측의 리파이낸싱으로 인해 금융 비용이 대폭 줄어들었고 당기순이익이 많이 상승한 것이 나와 있다.

그러므로 제32기 배당은 당기순이익의 증가에 따라 상승할 것이 전망된다. 대략적인 배당금 증가는 이리츠코크렙이 위탁관리리츠이므로 당기순이익의 90~100%를 주식 수로 나누면 되고, 위의 수치가 반기이므로 약 2배를 하면 무리가 없어 보인다.

신한알파리츠

신한알파리츠는 위탁관리리츠로 2018년 8월 증시에 상장했으며, 2021년 투자 부동산 6건(직접 소유와 자리츠 포함)에 투자하고 있다. 이를 통해 발생하는 임대 수익과 자리츠로부터 받은 배당 수익을 재원으로 주주들에게 배당금을 지급하고 있다.

　서울의 핵심 지역과 새롭게 뜨고 있는 판교 지역의 프라임급 빌딩을 투자 자산으로 편입하고 있다. 유상증자, 추가 대출, 보유 현금 등을 통해서 투자 자산을 계속 확대하고 있다. 2021년 상반기 기준으로 롯데리츠에 이어 2번째로 규모가 큰 상장 리츠다. 신한알파리츠는 2018년 크래프톤타워를 매입해 증시에 상장하고, 용산 더프라임타워 등 총 6개 빌딩을 매입했다.

투자 부동산

　투자하고 있는 오피스 빌딩 6개에 대해 알아보면, 서울의 핵심 지역과 새롭게 뜨고 있는 판교에 프라임급 빌딩에 투자하고 있다.

[표3-21] 판교 크래프톤타워

개요	대지면적 7,337.5m², 연면적 99,596.04m², 지하 7층~지상 15층 경기도 성남시 분당구 분당내곡로 117 준공일 2018년 3월, 편입일 2018년 4월
입지	판교 중심지로 판교역 지하 연결 현대백화점 판교점 상권 내 위치
임대 현황	오피스: 크래프톤, 네이버, 스노우 등 리테일: MUJI, 병원, 은행, 증권사 임대율: 오피스 100%, 리테일 92.1%, 총 98.2%

자료: 사업 보고서

[표3-22] 용산 더프라임타워

개요	대지면적 3,575.96m², 연면적 39,009.8m², 지하 6층~지상 30층 서울특별시 용산구 원효로 90길 11 준공일 2014년 3월, 편입일 2018년 10월
입지	용산 지역에 위치 지하철 1호선 남영역 도보 3분 거리
임대 현황	오피스: 신한생명, 유베이스, DB생명보험 등 임대율: 오피스 100%, 리테일 100%, 총 100%

자료: 사업 보고서

[표3-23] 대일빌딩

개요	대지면적 583.8m², 연면적 8,886.94m², 지하 1층~지상 19층 서울특별시 중구 남대문로 120 준공일 1970년 12월, 리모델링 2018년 11월, 편입일 2020년 3월
입지	1호선 종각역, 2호선 을지로입구역 도보 3분 거리
임대 현황	신한DS, 대구은행, 루이비통코리아 등 임대율: 오피스 100%, 리테일 0%, 총 96.6%

자료: 사업 보고서

크래프톤타워(경기도 성남시 분당구 분당내곡로 117)

[표3-24] 트윈시티남산

개요	대지면적 2,421.7m², 연면적 37,554.92m², 지하 7층~지상 30층 중 18층 서울특별시 용산구 한강대로 366 준공일 2015년 3월, 편입일 2020년 8월
입지	1호선과 4호선 서울역과 연결, 도보 1분 거리
임대 현황	CJ올리브네트웍스, CJ올리브영, 한국머스크 등 임대율: 오피스 91.2%, 리테일 92.5%, 총91.4%

자료: 사업 보고서

[표3-25] 신한L타워

개요	대지면적 1.978m², 연면적 30,833.48m², 지하 7층~지상 22층 서울특별시 중구 삼일대로 358 준공일 2016년 3월, 편입일 2020년 9월
입지	2호선 3호선 을지로3가역 도보 1분 거리
임대 현황	신한생명, 서울외국환중개, 카다프손해보험, 스타벅스 등 임대율: 오피스 100%, 리테일 100%, 총 100%

자료: 사업 보고서

[표3-26] 삼성화재 역삼빌딩

개요	대지면적 390평(전체 780평), 연면적 5,279평(전체 10,557평) 10F 일부, 11~20F(전체 B6~20F) 서울특별시 강남구 테헤란로 114 준공일 1996년 3월, 편입일 2021년 3월
입지	2호선 강남역 도보 2분 거리
임대 현황	삼성화재, 삼성카드, 삼성생명, 패스트캠퍼스랭귀지 등 임대율: 오피스 100%, 총 100%

자료: 사업 보고서

배당 수익률

6개월 단위로 배당하며, 3월 말과 9월 말을 기준으로 한다. 최근 1년 341원을 배당하고 있으며, 배당 수익률은 최근 1년간 약 4.4%

[표3-27] 신한알파리츠 배당 수익률

구분	7기(2020.4.1~2021.9.30)	6기(2020.10.1~2021.3.31)	5기(2020.4.1~9.30)	4기(2019.10.1~2020.3.31)
주당 배당금	177원	164원	153원	150원
현금 배당 수익률	2.16%	2.2%	2.3%	2.4%

자료(배당금): 사업 보고서

[그림3-14] 신한알파리츠의 주가 추이

수준이다.

배당 수익률은 다른 상장 리츠에 비해 낮으나 추가 대출과 보유 현금(필요시 유상증자), 이자율을 낮추기 위한 리파이낸싱을 통해서 배당금을 늘리기 위한 노력을 하고 있다. [표3-27]의 배당금 추이를 보면 지속적으로 늘어나고 있음을 알 수 있다.

투자 판단

신한알파리츠는 서울 도심권과 판교 등 핵심 지역에 프라임급 오피스 빌딩에 투자 자산을 보유하고 있다. 특히 국내 오피스 빌딩은 가격이 많이 오르고 있어 2018년에 편입한 판교 크래프톤타워, 용산 더프라임타워 등이 많이 올랐을 것으로 판단된다. 게다가 글로벌지수(S&P가 설정한 8개 지수)에 편입되어 주가가 많이 올랐다.

신한알파리츠는 기존 자산의 가치가 상승하면서 리파이낸싱을 통해 이자 비용 절감을 통한 배당금 상승을 추진하고 있다. 기존 자산 가치 상승에 따른 담보대출 등을 통해 확보한 자금으로 서울역 와이즈타워 편입을 추진하고 있으며 이 자산이 편입되면 배당금 상승에 기여할 것이다.

이처럼 배당금 규모가 늘고 있고 주가도 같이 상승하고 있으니, 배당금 규모의 전망과 주가를 감안해 배당 수익률을 전망한 후 투자 여부를 검토하는 것이 바람직할 것으로 판단된다. 배당금 상승분을 추정하려면 비용 절감과 이익 증대 요인을 분석한 후 당기순이익을 추정하고 발행 주식 수로 나누면 대략적인 배당금 상승분을 계산해 볼 수 있다. 신한알파리츠는 자산 가치가 상승하고 있어 향후 자산 매각 시 좋은 투자 시점이 될 수 있을 것으로 보인다.

롯데리츠

롯데리츠는 2019년 10월 증시에 상장한 위탁관리리츠다. 롯데그룹이 소유하고 있던 백화점·마트·아울렛·물류센터 등을 편입해 보유하고 있으며 롯데그룹에 책임임대차 방식으로 임대를 주고 있다. 투자 부동산이 2조 3,000억 원이 넘어 국내 상장 리츠 중에서 규모가 가장 크다.

투자 부동산

롯데리츠는 롯데쇼핑㈜과 롯데글로벌로지스㈜ 등 롯데그룹과 책임임대차 계약을 맺고 있어 사업 구조가 안정적이다. 주로 고정 임대료 방식이며 일부 건물은 고정 임대료+매출 연동 방식을 적용하고 있다. 그러므로 안정적인 고정 임대료를 수취함과 동시에 매출이 늘어날 경우 일부 추가 수익도 발생할 것으로 기대된다. 다만, 매출 연동 방식의 건물이 많지 않아 추가 수익 규모는 크지 않을 것으로 판단된다.

[표3-28] 롯데리츠 임대차계약

(단위: 백만 원)

해당 점포	임대 보증금	월 임대료*	임대차 기간	인상률 등	관리비 등 부담**
롯데백화점 창원점 롯데마트 의왕점 롯데마트 장유점	21,761	1,841	9년	월 임대료는 임대차 기간의 초일 로부터 1년마다 직전년의 월 임대 료에 대해 1.5%씩 인상	임차인 부담
롯데백화점 구리점 롯데아울렛 청주점 롯데아울렛 대구율하점 롯데마트 서청주점 롯데마트 대구율하점	24,929	2,108	10년		
롯데백화점 강남점 롯데백화점 광주점	27,700	2,343	11년		
롯데백화점 안산점 롯데백화점 중동점 롯데마트 계양점	15,064	1,255	7년	월 고정 임대료에 월매출 연동 임 대료(직전 연도의 매출총액에 0.45%를 곱한 금액을 12로 나눈 금액)가 추가되며, 월 임대료는 임대차 개시일로부터 1년이 경과 한 날의 다음 날로부터 1년마다 직전년의 연임대료에 대해 전년 도 소비자물가지수 상승률에 연 동해 인상	
롯데프리미엄아울렛 이천점 롯데마트 춘천점	14,337	1,195	11년		
롯데마트몰 김포물류 센터	4,298	358	15년	월 고정 임대료는 임대차 개시일 로부터 1년이 경과한 날의 다음 날로부터 1년마다 직전년의 연임 대료에 대해 전년도 소비자물가 지수 상승률에 연동해 인상	
합계	108,089	9,100			

* 현재 적용되는 월 임대료
** 관리비·보험료·제세공과금 등을 임차인이 전액 부담하는 조건
자료: 사업 보고서

롯데백화점 강남점(서울특별시 강남구 대치동 937)

배당 수익률

6개월 단위로 배당하며, 6월 말과 12월 말을 기준으로 한다.
2020년 배당금은 322원이었으며, 배당 수익률은 5.86% 수준이었

[표3-29] 롯데리츠의 배당 수익률

구분	5기(2021.1.1~6.30)	4기(2020.7.1~12.31)	3기(2020.1.1~6.30)
주당 배당금	139원	161원	161원
배당 수익률	2.3%	2.99%	2.87%

자료(배당금): 사업 보고서

[그림3-15] 롯데리츠의 주가 추이

다. 그러나 2021년 상반기(5기)는 2.3%로 다소 낮은 수준이었다. 이유는 3월에 추가 자산 편입을 위한 유상증자를 했는데, 편입된 자산의 수익은 약 4개월만 반영되었으나 증자 후 주식 수가 늘어났기 때문에 주당 배당금이 줄 수밖에 없는 것으로 보인다.

신규 편입 자산의 계약은 고정 임대료+매출 연동 방식의 계약인데 코로나19로 매출 연동 효과가 낮게 나와서 주당 배당금이 다소 줄어든 것으로 보인다. 롯데리츠는 롯데그룹과의 책임임대차 계약으로 배당 규모는 안정적인 수준에서 유지될 것으로 전망된다.

투자 판단

롯데리츠의 배당 규모는 추가 자산 편입으로 인해 5기(2021.1.1~6.30) 배당금이 다소 줄어들었는데 6기(2021.7.1~12.31)부터는 4기(2020.7.1.~12.31) 배당 규모와 큰 차이는 나지 않을 것으로 보인다. 매출 연동 부분이 전체 고정 임대료에 비해 큰 규모가 아니지만, 매출 연동 계약으로 된 자산을 빌려 쓴 롯데그룹 매장의 매출이 좋아진다면 배당금에도 긍정적인 영향을 미칠 것으로 전망된다.

주가에 따라서 배당 수익률 수준이 결정될 것이므로 6기의 배당금 규모를 참고해 적정 주가에 투자 의사결정이 필요할 것으로 보인다. 적정 주가 판단 방법은 5장에 TIP으로 제안해보았으니 참고하기 바란다.

NH프라임리츠

위탁관리리츠인 NH프라임리츠는 2019년 12월 증시에 상장했다. 특히 부동산을 직접 보유하고 있는 것이 아니라 4개 서울 오피스 빌딩의 수익·지분 증권에 투자한 재간접 리츠다.

이 펀드·리츠로부터 나온 배당금과 분배금으로 주주들에게 배당한다. 투자한 4개 펀드·리츠에 편입되어 있는 자산들은 서울의 핵심 지역에 있는 프라임급 건물이다.

재간접 리츠는 실물 부동산을 직접 매입해 유동화시킨 리츠가 아니라 건물에 투자한 펀드 및 리츠의 일정 지분을 갖고 있는 리츠를 말한다. 재간접 리츠는 자산운용사 입장에서 쉽게 만들 수 있는 장점이 있다. 그러나 투자자 입장에서 수수료 이중 부과, 다른 펀드와 ETF에서 투자 한도 등 제약이 있을 수 있다.

투자 부동산

NH프라임리츠는 3개의 펀드와 1개의 리츠에 약 900억 원을 투자했다. 이 투자 자산은 서울의 핵심 지역의 프라임급 오피스 빌딩이다. 각 펀드와 리츠는 투자 기간이 결정되어 있다.

서울스퀘어(서울특별시 중구 한강대로 416)

[표3-30] NH프라임리츠의 투자 부동산

기초 자산명	서울스퀘어 (서울역)	강남N타워 (강남역·역삼역)	삼성물산서초사옥 (강남역)	삼성SDS타워 (잠실역)
투자 자산명	ARA펀드	케이비강남1호 리츠	현대38호펀드	유경11호펀드
투자금액	410억 원	195억 원	130억 원	150억 원
투자 기간	~2026년 2월	~2025년 8월	~2025년 8월	~2024년 1월
주요 용도	오피스			
건물 연면적	40,174평	15,466평	24,538평	30,110평

자료: NH프라임리츠

배당 수익률

5월 말과 11월 말 기준으로 연 2회 배당하고 있다. 2020년 배당금은 246원이었으며, 배당 수익률은 5.1% 수준이다.

NH프라임리츠가 투자하고 있는 펀드·리츠의 기초 자산은 서울의 프라임급 건물들로 안정적인 임대를 유지할 것으로 전망되어 배당금이 현 수준에서 크게 변동 없이 안정적으로 유지될 것으로 보인다. 현재 NH프라임리츠가 추진하고 있는 이자율을 낮춘다면 배당금은 더 늘어날 것이다.

[표3-31] NH프라임리츠 배당 수익률

구분	4기 (2020.12.1~2021.5.31)	3기 (2020.6.1~11.30)	2기 (2019.12.1~2020.5.31)
주당 배당금	125원	119원	127원
배당 수익률	2.7%	2.6%	2.5%

자료(배당금): 사업 보고서

[그림3-16] NH프라임리츠의 주가 추이

투자 판단

최근 1년 배당금 규모가 연 244원 수준으로 다소 낮다. NH프라임리츠 측에서는 투자한 펀드와 리츠의 대출 이자율이 다소 높아 이를 해소하기 위해 리파이낸싱을 추진한다고 발표하였다. 대출에 대한 리파이낸싱이 된다면 배당금이 높아질 것으로 보이며 주가도 한 단계 레벨 업 될 것으로 판단된다.

특히 4개의 펀드·리츠에는 만기가 있고 최근 3년 동안 국내 오피스 빌딩 가격이 많이 상승했으므로 보유하고 있는 빌딩의 가치가 많이 올랐을 것으로 추정되므로 향후 건물 매각 시 매각차익이 발생할 것으로 기대된다.

각 펀드·리츠의 만기는 2024년 1월부터 2026년까지로 되어 있어 매각 시에는 매각 차익이 많을 것으로 전망되니, 매각이 본격화되기 전에 투자 시점을 고려해도 좋을 듯싶다.

이지스밸류리츠

이지스밸류리츠는 2020년 7월에 상장되었으며, 투자 자산은 이지스 97호전문투자형사모부동산신탁(이하 이지스97호)의 수익증권에 투자 (약 99.9% 지분)한 재간접 리츠다. 이 수익증권은 서울특별시 중구 시 청역 인근에 있는 태평로빌딩을 보유하고 있으니 실질적으로 이 빌 딩을 보유한 것이다.

이지스밸류리츠는 재간접 리츠이지만 운용 수수료를 이지스밸류 리츠-이지스97호 이중으로 수취하지 않고 1번만 수취해 재간접 리 츠의 단점 가운데 하나인 이중 수수료 문제를 해소했다.

투자 부동산

태평로빌딩은 서울 핵심 권역인 시청역 인근에 위치하고 있는 프 라임급 빌딩이다. 최근 오피스 빌딩 가격 상승에 따라 매입할 당시

[표3-32] 이지스밸류리츠의 투자 부동산

개요	대지면적: 2,893.4m², 연면적: 40,001.8m², 지하 6층~지상 26층 서울특별시 중구 세종대로 73 태평로빌딩
가치	매입가: 3,025억 원 감정평가액(2020년 8월 기준): 3,426억 원
특징	서울의 핵심 권역인 시청역 인근에 위치한 프라임급 오피스 빌딩 삼성생명, CJ대한통운 등 우량 임차인

자료: 사업 보고서

보다 상당히 오르고 있다. 2020년 8월 기준으로 13% 올랐으며, 2020년 8월 이후에도 오피스 빌딩의 가격은 꾸준히 상승하고 있는 상황이다.

리츠 성장성을 높이기 위한 계획을 진행하고 있다

이지스밸류리츠는 투자한 수익증권을 담보로 추가 대출과 유상 증자 등을 통해 우량 오피스 빌딩을 추가 편입하고 물류센터, 데이터 센터 등 성장 섹터 자산을 선별적으로 투자해 양적·질적 성장을 할 계획을 발표했다.

특히 2021년 3월에 물류센터 섹터로 확장을 위해 자리츠인 '이지스로지스틱스리츠'를 통해 경기도 여주시 물류센터 2개동을 신규 자산으로 편입할 예정이다. 2022년에 편입을 완료할 예정이다.

[표3-33] 이지스밸류리츠의 편입 예정인 자산

구분	내용
자산	쿠팡여주물류센터(상온동) 저온동 토지와 건물 경기도 여주시 점봉동 204-3
대지면적	40,185m²
연면적	상온동 35,695m², 저온동 13,938m²
매입가	870억 원

자료: 사업 보고서

태평로빌딩(서울특별시 중구 세종대로 73)

배당 수익률

2월 말과 8월 말 기준으로 연 2회 배당하고 있다. 2020년 7월 16일 증시에 상장되었으므로 2기 배당은 상장한 후 약 1.5달에 대한

[표3-34] 이지스밸류리츠의 배당 수익률

구분	4기 (2020.3.1~2021.8.31)	3기 (2020.9.1~2021.2.28)	2기 (2019.11.1~2020.8.31)
주당 배당금	152원	151원	60원
배당 수익률	2.7%	3.02%	1.21%

자료(배당금): 사업 보고서

[그림3-17] 이지스밸류리츠의 주가 추이

배당금으로 배당 수익률은 1.21%였다. 3기부터의 배당이 정상 수준인데 배당금 151원으로 배당 수익률이 3.02%(6개월), 4기에는 152원으로 배당 수익률이 2.7%로 준수하게 나왔다.

투자 판단

이지스밸류리츠는 태평로빌딩 1개를 기초 자산으로 해서 증시에 상장했다. 태평로빌딩을 매입한 이후에 최근 오피스 빌딩의 가격이 많이 오른 상태다. 그래서 유상증자 없이 보유 현금과 추가 차입을 통해 물류센터를 편입 중에 있다. 2022년부터는 물류센터로부터 임대료가 추가로 들어온다.

주식 수의 증가 없이 수익이 추가로 증가하면 당연히 주당 배당금이 늘어날 것이다. 주주들에게 매우 좋은 소식이고 리츠의 가치도 많이 높아지는 것이다.

이지스밸류리츠는 앞으로 성장하는 섹터인 물류센터뿐 아니라 데이터센터 섹터에도 진입을 추진하고 있다. 성장 섹터에 대한 투자는 미국처럼 회사를 직접 키울 수는 없지만, 안정적인 임대료 수취와 임대료 인상 등이 가능할 것으로 판단된다. 향후 매각 시에 매각차익도 기대할 만하다.

미래에셋맵스리츠

위탁관리리츠인 미래에셋맵스리츠는 2020년 8월 증시에 상장했다. 보유하고 있는 부동산은 2.6만 평 규모의 광교 센트럴푸르지오시티 상업시설(롯데아울렛 광교점)로 임차인은 GS리테일이고 책임임대차 계약(2035년 9월 만기)이 체결되어 있다. 임차인은 전차인인 롯데쇼핑과 전대차 계약(2035년 9월 만기)을 체결해 현재 롯데아울렛과 롯데시네마로 운영하고 있다.

투자 부동산

미래에셋맵스리츠는 광교 센트럴푸르지오시티 상업시설에 약 2,900억 원 규모를 투자하고 있다.

광교 센트럴푸르지오시티는 상업시설(미래에셋맵스리츠 보유분)과 분양을 완료한 오피스텔로 구성되어 있다. 전체 건물 가운데 오피스

[표3-35] 미래에셋맵스리츠의 투자 부동산

구분	내용
주소	경기도 수원시 영통구 도청로 10(이의동 1338번지)
준공 연도	2015년 8월
면적	판매시설 24,103.13평, 문화집회시설 1970.53평

자료: 사업 보고서

롯데아울렛 광교점(경기도 수원시 영통구 도청로 10)

[표3-36] 미래에셋맵스리츠의 임대차 계약 주요 내용

구분	내용
임차인	㈜GS리테일
임대차 목적물	26,072.65평
계약 기간	2015.9.4~2035.9.3(20년)
임대차보증금	500억 원
임대료	공제 전 연차임 ① 계약 승계일(부동산 매매 완결일인 2020년 3월 24일)부터 2020년 9월 3일까지 적용되는 공제 전 연차임(10,756,302,780원) ② 2020년 9월 4일 이후 매년 그 전년도의 공제 전 연차임에서 2.0% 인상한 금액 ③ 2030년 9월 4일부터는 매년 그 전년도의 공제 전 연차임에서 1.0% 인상한 금액 → ①·②·③ 해당 금액에서 4억 원을 공제한 금액을 당해 연도의 실제 연 차임으로 함
관리비·제세공과금	임차인 부담: 정상적 사용, 수익·유지, 관리 제비용 임대인 부담: 소유자 또는 임대차 목적물 부과 제세공과금·보험(제세공과금 중 환경개선부담금, 교통유발부담금, 도로점용료 등 일체의 행정부담금은 부과 대상 명의자와 관계없이 임차인이 체결한 전대차 계약상 전차인이 부담)

자료: 반기 보고서

텔은 관리단대표회에서, 미래에셋맵스리츠는 직접 보유한 판매시설과 문화·집회시설을 관리한다.

배당 수익률

5월 말과 11월 말 기준으로 연 2회 배당하고 있다. GS리테일과

[표3-37] 미래에셋맵스리츠의 배당 수익률

구분	2기 (2020.12.1~2021.5.31)	1기 (2019.12.12~2020.11.30)
주당 배당금	153원	132원
배당 수익률	3.05%	2.65%

자료(배당금): 사업 보고서

[그림3-18] 미래에셋맵스리츠의 주가 추이

2035년까지 고정 임대료 방식의 책임임대차 계약으로 되어 있어 코로나19와 무관하게 연 배당이 거의 일정하게 유지될 것으로 전망된다. 3기에는 부동산 보유세를 내야 하므로 세금과 공과금이 반영되어 3기 배당금은 2기에 비해 다소 줄어들 것으로 전망된다(3기 반기 보고서를 보면 세금과 공과금이 약 5.5억 원 반영되었다). 그러므로 향후 추가 자산을 확보하기 전까지 연 배당금 규모는 2기와 3기 배당금 규모를 합한 수준이 될 것으로 전망된다.

투자 판단

언급한 대로 GS리테일과 장기간 고정 임대료 방식의 책임임대차 계약이 되어 있어 연 배당금 규모는 일정하게 유지될 것으로 전망된다. 단, 연 인상률을 감안할 필요가 있다.

연 배당금을 현 주가로 나누면 배당 수익률이 나오는데, 본인이 생각하는 수익률이 나오면 투자해 안정적인 수익을 올릴 수 있을 것으로 판단된다.

미래에셋맵스리츠는 상장 시에 현재 투자한 광교 센트럴푸르지오 상업시설을 시작으로 향후 핵심 권역에 위치한 오피스와 물류창고, 데이터센터 등 추가 자산을 편입해 리츠의 가치를 높인다고 계획을 발표했다. 이 계획이 실현될 때 시장에서 관심도가 높아질 것으로 전망된다.

이지스레지던스리츠

위탁관리리츠인 이지스레지던스리츠는 2020년 8월 증시에 상장했는데 주거용 부동산에 투자하고 있는 펀드나 리츠에 투자한 재간접리츠다. 투자한 자산은 약 1,100억 원 규모이며, 투자한 펀드와 리츠에서 나오는 배당을 재원으로 주주들에게 배당하고 있다.

투자 부동산

2020년 7월에 더샵부평 임대주택(이지스151호)에 지분 투자한 이후에 2021년 6월 홍대 코리빙 복합시설(이지스331호)과 디어스 명동(이지스333호) 수익증권에 투자했다.

[표3-38] 더샵부평 임대주택(이지스151호)

구분	내용
소재지	인천광역시 부평구 십정동 216번지 일원
세대수	3,578세대(전체 공동주택 5,678세대 중 임대주택)
총 매매가(공정 가치 추정)	8,362억 원(15,141억 원, 2021년 6월 감정평가)
이지스레지던스리츠 투자금	898억 원

자료: 사업 보고서

[표3-39] 홍대 코리빙 복합시설(이지스331호)

구분	내용
소재지	서울특별시 마포구 서교동 460-25 일원
세대수	296세대와 근린생활시설
총투자비(공정 가치 추정)	1,200억 원(1,410억 원, 기준 시점 2023년 1월)
이지스레지던스리츠 투자금	75억 원

자료: 사업 보고서

[표3-40] 디어스 명동(이지스333호)

구분	내용
소재지	서울특별시 중구 남학동 13-2 외 1필지
세대수	112세대와 근린생활시설
총투자비(공정 가치 추정)	410억 원(405억 원, 2021년 2월 3일)
이지스레지던스리츠 투자금	100억 원

자료: 사업 보고서

배당 수익률

6월 말과 12월 말 기준으로 연 2회 배당하고 있다.

[표3-41] 이지스레지던스리츠의 배당 수익률

구분	3기 (2021.1.1~6.30)	2기 (2020.7.1~12.31)
주당 배당금	130원	130원
배당 수익률	2.51%	2.58%

자료(배당금): 사업 보고서

[그림3-19] 이지스레지던스리츠의 주가 추이

투자 판단

주거시설의 가격이 폭등한 상황에서 사업 보고서를 보면 투자 자산의 약 84%를 차지하는 부평임대주택의 공정 가치가 매입가 대비 약 80% 상승했다. 임대주택은 의무 보유 규제(8년 이상)가 있어 장기간 매각이 어려울 것으로 보인다. 다만, 매각 시점에서 이지스레지던스리츠의 지분과 약정에 따라 매각차익을 배당받을 수 있다. 매각 시점에는 주주들에게 매우 좋은 기회가 될 수 있을 것이다.

그러나 배당 수익률이 약 5%인데 이 수준이 당분간 이어질 가능성이 크다. 매각될 때까지 오랜 기간이 남아 있으며 부동산 가격의 변동성 등 불확실성이 있어 아직까지 주가에 반영되지 않고 있다.

제이알글로벌리츠

제이알글로벌리츠는 위탁관리리츠로 2020년 8월 증시에 상장했으며, 해외 부동산에 자리츠를 설립해 부동산에 간접 투자한 재간접 리츠다. 자리츠에서 발생하는 임대 수익을 통해서 받은 배당금을 재원으로 주주들에게 배당금을 지급하고 있다.

투자 부동산

벨기에 브뤼셀 파이낸스타워가 가장 큰 규모(80%)이며, 최근 뉴욕 맨해튼 빌딩에 지분 출자로 자산 편입을 진행하고 있다.

[표3-42] 제이알글로벌리츠 투자 부동산

(단위: 백만 원)

구분	㈜제이알제26호 위탁관리부동산투자회사	㈜제이알제28호 위탁관리부동산투자회사
설립일	2019.10.18	2021.02.23
기초 자산	벨기에 브뤼셀 파이낸스타워	맨해튼 빌딩 소유 법인 지분(49.9%) 투자 계획(1,855억 원)

[표3-43] 제이알글로벌리츠의 기초 자산

구분	벨기에 브뤼셀 파이낸스타워
준공(리노베이션)	1982년(2008년)
면적	약 59,282평 - Finance Tower: 지하 4층, 지상 35층 - Door Building: 지하 6층, 지상 11층 - Parking A 65.85% 구분소유
임차인	벨기에 연방정부 산하 건물관리청(벨기에 국가 신용도 AA) 현재 재무부·복지부 등 연방정부 주요 부처 입주 중
임대 기간	2002년 1월~ 2034년 12월(중도 해지 불가, 만기 12개월 전 미통지 시 1년씩 자동 연장)
임대료	연 EUR 59,325,084(약 805억 원, 2021년 기준) 인상률: 매년 벨기에 건강지수*를 적용해 조정
지급 조건	임차인: 관리비·제세공과금·유지보수비 부담 임대인: 보험료 부담(단, 임차인의 귀책사유 없는 대수선 비용은 임대인이 부담)
입지 환경	지하철역과 전용 통로로 연결되고, 뛰어난 교통 접근성 인근에 연방 경찰청·조폐국·금융감독원·이민국 위치

• 벨기에 통계청이 매월 고시하는 통계 수치로 소비자물가지수에서 주류·담배·경유·휘발유 등의 항목을 제외한 것,
2004~2019년 연평균 약 1.84% 상승
자료: 제이알글로벌리츠

배당 수익률

6월 말과 12월 말 기준, 연 2회 배당하고 있다. 2020년 하반기에 주당 153원과 2021년 상반기에 주당 190원으로 최근 1년간 6.5%

[표3-44] 제이알글로벌리츠의 배당 수익률

구분	4기(2021.1.1~6.30)	3기(2020.7.1~12.31)
주당 배당금	190원	153원
배당 수익률	3.6%	2.9%

자료(배당금): 사업 보고서

[그림3-20] 제이알글로벌리츠의 주가 추이

의 높은 배당 수익률 실적을 내고 있다. 4기의 배당은 제이알제26호로부터 331억 원(감가상각비 초과배당 93억 원)을 배당받았기 때문이다.

투자 판단

제이알글로벌리츠는 자리츠(벨기에 파이낸스빌딩 보유)로부터 높은 배당금을 받아 당 리츠의 배당 수익률이 높게 나왔다. 앞으로의 배당은 늘어날 요인과 하락할 요인이 있으나 최종적인 배당금 규모는 회사의 배당 정책에 의해 결정될 것으로 보인다.

배당이 늘어날 요인은 증자 없이 추가 대출을 통해 맨해튼 빌딩에 약 1,850억 원을 투자하기로 한 것이다. 계획보다 다소 늦어져 2021년 12월 31일 자로 취득 예정이다. 반면 감소 요인은 브뤼셀 파이낸스타워의 감가상각비 초과배당이 지속적으로 가능할 것인지에 대한 우려다.

앞으로 증자 없이 타 건물에 투자하려고 하면 계속 감가상각비를 배당하기는 쉽지 않을 것으로 판단되나 결국은 회사의 정책에 의해 결정될 것이다(참고로 감가상각비는 회계상으로 비용으로 반영되나 실질적으로는 현금으로 유보된다. 회사 정책상 배당하든지 유보 후 향후 건물에 투자하든지 결정하게 된다).

자산의 80% 규모인 벨기에 파이낸스빌딩의 임대차 계약은 2034년까지 고정 임대료 방식의 책임임대차 계약을 맺었기 때문에 배당은 안정적으로 유지될 것으로 전망된다.

코람코에너지리츠

코람코에너지리츠는 2020년 8월에 위탁관리리츠로 증시에 상장했다. 상장 시 전국에 주유소 187개를 편입해 주유소 임대 사업으로 배당을 하고 있으며, 자산 규모는 2021년 5월 말 기준 약 1조 532억 원이다.

현재 27개 주유소의 매각을 진행하고 있고, 매각차익으로 배당을 확대하고 매각자금으로 기존 자산 개발과 신규 부동산 자산에 재투자할 것으로 보인다.

투자 부동산과 임대차 계약

27개 자산을 매각하기 전 총 187개를 보유하고 있으며, 서울과 수도권의 주유소가 전체에서 약 51%를 차지하고 있다.

임대차 계약은 현대오일뱅크(전체 임대료 수입의 약 83% 비중)와 에스케이네트웍스(전체 임대료 수입의 약 6% 비중)와 책임임대차 구조의 장기 계약을 체결하고 보유세를 제외한 수선유지비·보험·제세공과금 등을 임차인이 부담하고 있어 안정적인 배당금을 유지하고 있다. 나머지 임대료 수입의 11%는 QSR(Quick Service Restaurant, 맥도널드 같은 유형의 사업자 등)과 기타 임대차 계약 등이 차지하고 있다.

[표3-45] 코람코에너지리츠 자산 수(상장 시점)

(단위: 개)

권역	서울	인천·경기	경상권	전라권	충청권	강원권	총
자산 수	20	75	45	11	27	9	187

자료: 사업 보고서(재편집)

배당 수익률

5월 말과 11월 말 기준으로 연 2회 배당하고 있다. 증시 상장이 2020년 8월 31일 자여서 2기의 배당금 규모가 기준점이 될 수 있다. 그러므로 연 배당금 규모는 332원을 기준으로 소폭의 변동이 있을 것이다. 그러나 매각 등 매각차익에 대한 배당, 매각자산 임대료 하락분 등을 반영해 연 배당금을 전망해야 한다.

[표3-46] 코람코에너지리츠의 배당 수익률

구분	2기 (2020.12.1~2021.5.31)	1기 (2019.12.10~2020.11.30)
주당 배당금	166원	131원
배당 수익률	2.79%	2.69%

자료(배당금): 사업 보고서

[그림3-21] 코람코에너리리츠의 주가 추이

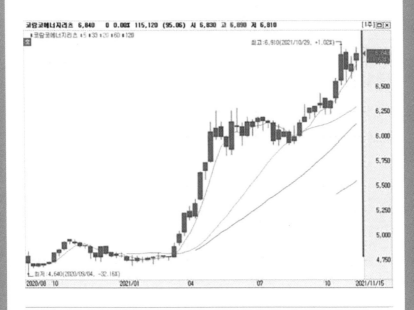

투자 판단

2021년 10월에 공시된 3기 반기 보고서를 보면 매각 예정 주유소 27개 중 16개 주유소가 매각된 것으로 보이며, 3기 배당 시 매각 차익이 특별배당으로 포함될 것이다.

3기 반기 보고서를 보면 2기 반기 대비 당기순이익이 약 128억 원이 늘어났는데 발행 주식 수가 6,962만 주로 주당 약 184원 내외가 특별배당으로 반영될 것이다. 추가로 매각 예정의 주유소가 남아 있는데 반기 이후에 11개 중 일부가 매각되면 3기에 특별배당되고, 매각이 늦어지면 4기에 매각차익이 특별배당으로 반영될 것이다.

코람코에너지리츠의 3기 배당은 기존 배당에 특별배당으로 배당금이 많이 나오고 11개 주유소 매각 일정에 따라 3기 또는 4기에 일부 반영되겠지만 이후 배당에는 책임임대차 계약으로 기존의 배당과 유사할 것으로 전망된다.

자칫 매각차익이 포함된 배당금 규모가 코람코에너지리츠에서 지속적으로 배당될 것으로 생각하면 안 된다. 특별배당 이후에는 그 효과가 없어지므로 적정 주가 수준을 잘 판단해야 한다는 말이다.

코람코에너지리츠는 주유소 개발을 통해서 성장을 꾀하고 있는데, 개발 사업들이 성공한다면 주가 상승의 모멘텀이 될 수 있다. 다만, 개발에는 다소 시간이 걸릴 예정이어서 27개 주유소 매각에 따른 임대료 하락 요인 방지와 개발 진행에 대한 모니터링 등을 확인할 필요가 있다.

ESR켄달스퀘어리츠

ESR켄달스퀘어리츠는 2020년 12월 증시에 상장된 국내 최초의 상장 물류 리츠다. 물류센터 11개를 기초 자산으로 '자리츠 지분증권'과 '부동산투자신탁 수익증권'에 투자했고(재간접 리츠), 추가로 2021년 6월 수익증권 1종을 편입했다.

[표3-47] ESR켄달스퀘어리츠 투자 부동산

보유 자산명		투자금액	보유 자산
이에스알켄탈스퀘어에셋1호 위탁관리부동산투자회사 지분증권		5,340억 원	부천저온물류센터 고양물류센터 용인물류센터1 김해물류센터 이천물류센터2 이천물류센터3 안성물류센터
켄달스퀘어전문 투자형사모 부동산투자신탁	6호 B종 수익증권	372.6억 원	이천물류센터1
	7호 B종 수익증권	411.3억 원	이천물류센터4
	8호 F종 수익증권	377.4억 원	용인물류센터2
	11호 수익증권	421.0억 원	평택물류센터
	18호 제1종과 제2종 수익증권	262억 원	용인물류센터3
합계		7184.3억 원	

• 2021년 6월 켄달스퀘어전문투자형사모부동산투자신탁 18호 수익증권 추가 취득
자료: 반기 보고서

배당 수익률

5월 말과 11월 말 기준으로 연 2회 배당하고 있다.

[표3-48] ESR켄달스퀘어리츠의 배당 수익률

구분	3기(2020.12.1~2021.5.31)	2기(2020.6.1~11.30)
주당 배당금	134원	-
배당 수익률	2.05%	-

• 2020년 12월 23일 상장, 1번째 배당(3기)에서 134원을 배당
자료(배당금): 사업 보고서

[그림3-22] ESR켄달스퀘어리츠의 주가 추이

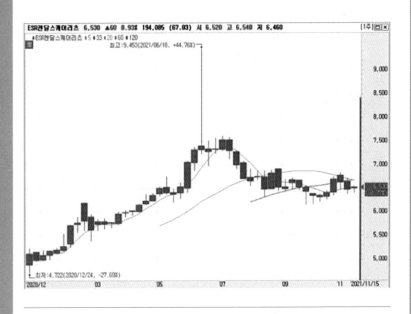

투자 판단

2021년 5월 말(3기) 기준으로는 배당 수익률이 6개월에 2.05%로 높지 않으나 아직까지 자산이 다 편입되지 않은 상황으로 자산이 추가로 편입되면 배당금은 더 늘어날 것이다.

특히 2021년 5월 말 기준으로 차입 가능 규모가 1,730억 원으로, 이 재원을 가지고 추가 자산 매입 등을 한다면 배당금이 상승할 것으로 보인다. 다만, 추가 자산 확대까지는 시간이 조금 더 필요할 것으로 보인다.

ESR켄달스퀘어리츠는 온라인 쇼핑의 확대 추세와 코로나19로 인한 언택트 등으로 물류센터는 성장하는 섹터이므로 향후 자산 규모의 확대 등 성장세는 지속될 것이 전망된다. 다만, 추가 편입 물건이 늘어날 때 편입 물건의 배당 수익률이 얼마가 나오는지 잘 살펴봐야 할 것이다.

디앤디플랫폼리츠

2021년 8월 증시에 상장된 위탁관리리츠다. 안정형 자산인 오피스(68%)와 성장형 자산인 물류센터(32%)로 구성된 멀티 섹터 리츠를 표방하고 있다. 국내 자산에 80% 이상, 해외 자산에 20% 이내로 국내외 우량 부동산에 투자하는 리츠이고, 투자한 자산에서 나오는 임대료로 주주들에게 배당한다. 아울러 투자 자산을 직접 보유하지 않고 자리츠와 수익증권을 통해서 보유하고 있는 재간접 리츠다.

투자 부동산

기초 자산이 세미콜론 문래(오피스)인 자리츠의 유상증자에 참여해 주식을 취득하고, 백암로지스틱스(물류센터) 자리츠 유상증자에 참여해 주식을 취득했다. 부동산 펀드인 이지스300호(물류센터)가

[표3-49] 디앤디플랫폼리츠의 투자 부동산 ①

구분	세미콜론 문래	백암파스토센터	일본 허브물류센터
개요	국내 오피스	국내 물류센터	해외 물류센터
위치	서울특별시 영등포구 문래동	경기도 용인시 처인구	일본 가나가와현
연면적	약 30,000평, B5F~13F	약 14,000평, B2F~4F	약 60,000평, 5F
준공 연도	2017년 11월	2021년 5월	2013년
임대율	98.3%	100%(책임 임차)	100%(책임 임차)

자료: 투자 설명서

[표3-50] 디앤디플랫폼리츠의 투자 부동산 ②

구분	세미콜론 문래 지분증권	백암파스토센터 지분증권	일본 허브물류센터 수익증권
기초 자산 매입금액 (백만 원)	545,800	95,000	525,360
감정평가금액 (기준일)	620,100 (2021년 4월 30일)	106,500 (2021년 5월 17일)	547,250 (2020년 12월 31일)
투자비 (지분율)	2,105억 원 (지분증권 90%)	447억 원 (지분증권 100%)	530억 원 (수익증권 37%)

자료: 투자 설명서

기발행한 수익증권을 매입하는 형태로 추가 투자를 했다. 특히 세미콜론 문래는 자리츠에서 2020년 약 5,500억 원에 매입했는데 그동안 가격이 상승해 2021년 4월 감정가는 약 6,200억 원이었다.

투자 판단

상장한 지 얼마 되지 않아 배당금을 추정하기 어렵지만 디앤디플랫폼리츠 측에서는 배당 수익률 목표를 연 6% 이상(공모가 기준)으로 하고 있다.

공모한 후에 명동·강남 등의 오피스 빌딩과 용인 등 물류센터를 추가로 편입할 계획이다. 이 리츠는 안정된 오피스 빌딩과 성장성이 있는 물류센터를 기초 자산으로 하는 멀티 섹터로 포트폴리오 측면에서는 좋은 것으로 보인다. 향후 어떤 자산을 어떤 조건으로 편입

SK서린빌딩(서울특별시 종로구 종로 26)

하는지와 실질적인 배당 수익률이 얼마가 될지 지켜봐야 한다.

SK리츠

SK리츠는 2021년 9월 증시에 상장했다. 투자 자산은 SK그룹의 본사인 1조 원 규모의 SK서린빌딩을 매입하고 116개 SK주유소를 보유한 클린에너지리츠의 지분 100%를 편입했다.

SK리츠는 그룹 내 우량 자산에 대한 우선매수협상권을 갖는 등 SK그룹의 스폰서 리츠로 안정성을 인정받았으며, 이로 인해 편입 자산은 앞으로 더 늘어날 가능성이 크다. 스폰서 리츠는 대기업·금융 기관 등이 대주주로 참여해 자금 조달과 자산운용 등을 지원하고 안정성과 신뢰를 높여주는 리츠를 말한다. 특히 SK리츠는 국내 상장 리츠 중에서 최초로 분기 배당을 시행한다.

투자 부동산과 임대차 계약

SK서린빌딩은 SK㈜와 5년 만기의 책임임대차 계약이 되어 있어 공실 위험이 없다. 임차인의 요구가 있을 시 5년씩 연장이 가능한 조건이다. 특히 SK서린빌딩의 임대차 계약은 고정 임대료 방식인데 운영 1년 차 기준 연 392억 1,700만 원, 매매금액의 3.91%이고 연 상승률은 1.5%다. 운영비는 임차인이 관리비·보험료·제세공과금을 모두 내도록 계약되어 있다.

[표3-51] SK리츠의 투자 부동산

(단위: 억 원)

구분	SK서린빌딩	클린에너지리츠
투자 대상의 종류	실물 부동산	부동산투자회사증권
SK리츠 투자금액	10,030	3,386.6
보유 자산	서린빌딩(종로구 종로 26)	전국 116개 SK주유소
매입가	감정평가금액으로 매입: 1조 30억 원	매수인·매도인 평균 감정평가 금액으로 매입: 7,654억 원

자료: 투자 설명서

전국 116개 주유소는 SK에너지㈜와 10년 만기의 고정 임대료 방식의 책임임차 계약을 맺었다. 즉 연 321억 원, 매매금액의 4.2%다. 연 상승률은 5년까지는 고정하고 6년 차부터 직전 연도 소비자물가지수(CPI) 인상률과 연동하도록 되어 있다. 인상률 하한선은 1.0%다. 운영비는 SK서린빌딩과 동일하게 임차인이 모두 부담한다.

투자 판단

2021년 9월 14일에 상장했는데 아직 배당하지 않았다. 상장 전에 SK리츠 측에서는 연 5.45%(공모가 기준) 배당 수익률을 예상하고 있다.

SK리츠는 분기 배당과 SK그룹의 스폰서 리츠로 홍보가 되어 주가가 6,000원 내외까지 상승해 실질적인 배당 수익률은 높지 않을 것으로 전망된다. 다만, SK그룹과의 고정 임대료 방식의 책임임차 계약으로 되어 있어 배당의 안정성은 높을 것으로 판단된다.

NH올원리츠

NH올원리츠는 2021년 11월 증시에 상장되었다. 투자 자산은 분당스퀘어(업무시설)와 비전월드(주차시설), 에이원타워(당산, 인계), 도지물류센터이며 멀티 섹터 리츠로 안정성·수익성·성장성 등이 기대된다. 분당스퀘어와 비전월드는 직접 보유하고 에이원타워와 도지물류

[표3-52] NH올원리츠 공모 이후 투자 자산

(단위: 백만 원)

투자 대상	투자 대상 종류	매입금액	위치
분당스퀘어 (업무시설)	실물 부동산	190,156	경기도 성남시 분당구 서현동 263
비전월드 (주차시설)			경기도 성남시 분당구 서현동 256
㈜엔에이치 제3호리츠	부동산투자회사주권 (보통주)	79,500	서울특별시 영등포구 당산동 4가 38-1(에이원타워 당산) 경기도 수원시 팔달구 인계동 942-9(에이원타워 인계)
㈜엔에이치 제5호리츠		37,100	경기도 이천시 백사면 조읍리 25(도지물류센터)
합계		306,756	

자료: 투자 설명서

[표3-53] NH올원리츠 배당 수익률 전망

구분	배당 수익률(연 환산)
5기(2022.1.1~2022.6.30)	6.06%
6기(2022.7.1~2022.12.31)	6.07%
7기(2023.1.1~2023.6.30)	6.59%
8기(2023.7.1~2023.12.31)	6.68%
9기(2024.1.1~2024.6.30)	6.74%

• 배당 수익률은 5,000원 기준의 연환산 배당 수익률이며 향후 운용 과정에서 변동될 수 있음
자료: 투자 설명서

센터는 지분을 100% 보유한 자리츠에서 투자했다. 배당은 연 2회로 매년 6월과 12월 결산을 통해서 받을 수 있다.

투자 판단

NH올원리츠에서 투자하는 오피스 건물은 서울 핵심 지역의 프라임급 건물은 아니고 서울 외곽과 분당 지역의 중형 오피스 빌딩, 최근에 성장하고 있는 물류센터에 투자하는 멀티 섹터 리츠다. 그래서 프라임급 건물을 보유한 리츠보다는 높은 수익성을 추구하고 있다.

투자 설명서를 보면 편입한 자산의 매입금액이 감정평가금액 대비 훨씬 저렴하다. 이에 따라 연 환산 배당 수익률도 초기 연도부터 6%(공모가 5,000원 대비)를 넘어 안정적인 배당을 희망하는 투자자들

에게 좋은 투자가 될 수 있다. 상장 이후에 주가가 5,200원 내외에 형성되어 있어 이 가격에 매수하면 배당 수익률이 약 5.8% 수준으로 리츠 평균 수준보다 조금 높은 배당 수익률이 기대된다.

리츠와 유사한 인프라 펀드, 맥쿼리인프라

맥쿼리인프라(맥쿼리한국인프라투융자회사, MKIF)는 사회기반시설에 대한 민간투자법에 의해 설립된 국내 최대의 상장 인프라 펀드다. 유료 도로·교량·터널 같은 인프라 자산의 시행을 목적으로 하는 법인의 주식·지분 등에 투자한다. 현재 도로·터널·대교·항만·도시가스 등을 대상으로 총 16개 인프라 자산에 투자하고 있다.

맥쿼리인프라가 투자한 총 16개의 사업 가운데 14개의 사업은 BTO(Build, Transfer, Operate) 방식이다. BTO 방식이란 사업시행 법인은 사회기반시설에 투자하고 준공과 동시에 해당 시설의 소유권을 중앙 또는 지방 주무관청에 이전한다. 사업시행 법인은 계약 기간 동안 해당 시설을 관리·운영하면서 수익을 창출한다.

14개 인프라 사업은 시설을 구축해주고 일정 기간 운영 수익을 받

[표3-54] 맥쿼리인프라의 투자 자산

	구분	계약 만료일	투자금 (억 원)	지분율	보장 기준	수입 보장 기간
1	광주 제2순환 1구간	2029년 초	1,926	100%	투자비 보전 방식	-
2	광주 제2순환 3-1구간	2034년 말	289	75%	추정 통행료 90% (환수 기준 110%)	사업시행 기간
3	인천공항고속	2031년 초	753	24.1%	추정 통행료 80% (환수 기준 110%)	2021년 1월 만료
4	우면산터널	2034년 초	203	36%	해당 없음	-
5	백양터널	2025년 초	23	100%	추정 통행료 90% (환수 기준 110%)	사업시행 기간
6	천안논산고속	2032년 말	2,701	60%	추정 통행료 82% (환수 기준 110%)	2022년 12월까지 (실제 통행료 수입이 82% 초과 ~110% 이하 구간에 속할 경우, 해당 구간 수입 일부를 주무관청에 환수)
7	수정산터널	2027년 초	471	100%	추정 통행료 90% (환수 기준 110%)	2027년 4월까지 (수입 부족 분의 91.5%만 수입 보장금 제공)
8	마창대교	2038년 중	1,128	70%	추정 통행료 75.78% (환수 기준 100%)	2038년 7월까지 (추정 수입 100% 초과 시 사업자 초과 수입 50:50 공유)
9	용인서울고속	2039년 중	1,511	43.75%	추정 통행료 70% (환수 기준 130%)	2019년 만료

10	서울춘천고속	2039년 중	1,624	15.83%	추정 통행료 60% (환수 기준 140%)	2024년 7월까지 (실제 통행료 수입이 추정 통행료 수입의 50% 미만일 경우 통행료 수입 보장 적용되지 않음)
11	인천대교	2039년 말	2,954	64.05%	추정 통행료 80% (환수 기준 120%)	2024년 10월까지
12	부산항신항	2040년 초	2,594	30%	해당 없음	-
13	부산항신항 배후도로	2047년 초	1,107	47.6%	해당 없음	-
14	동북선 도시철도	2056년	827	30%	2026년 준공 예정	-
15	㈜해양에너지	-	3,225	100%	-	-
16	서라벌 도시가스㈜	-	871	100%	-	-
	합계		22,207			

자료: 맥쿼리인프라(재구성)

은 후 계약 기간이 끝나면 더는 수익금을 창출할 수 없다. 그러면 계약 기간이 끝나는 사업의 투자금은 어떻게 회수하게 될까?

간단히 설명하면 각 프로젝트의 사업시행 법인은 계약 기간이 끝나기 전까지 주주의 자본금과 대출채권을 갚을 수 있도록 적립하고, 적립한 자본금과 남은 돈은 주주들에게 배당할 수 있도록 계획을 수립해 실행한다. 다만, 사업시행 법인의 운영 성과가 악화되면 일부가

[그림3-23] 맥쿼리인프라의 주가 추이

손해가 날 수 있지만, 사업시행 법인은 배당금 등으로 조절할 것이므로 원금 손실이 날 가능성은 거의 없다고 판단된다.

최근에 맥쿼리인프라의 사업 구조가 조금 변했는데 도시가스 회사를 인수해 이 회사들을 통해 영속회사로서 틀을 잡는 것으로 보인다. 향후 회사를 키워서 지속 배당 또는 매각 등을 통해 주주들에게 가치를 높이기 위한 계획을 실행하고 있다.

투자 판단

맥쿼리인프라는 주로 도로·교량 등 인프라시설에 투자하고 준공 후 소유권을 넘긴 다음에 계약 기간 동안 통행료를 수취해 투자금을 회수하는 방식이라고 앞에서 설명했다.

특히 인프라 사업의 특성상 이용자가 없으면 자칫 투자 손실이 날 수 있어 안정화 기간 동안 최소 수익 보장 장치가 되어 사업이 안정적으로 성장할 수 있다. 최근에는 영속적 기업을 통해 안정적인 현금 흐름을 창출하기 위해 도시가스회사를 인수했다.

맥쿼리인프라는 연 6% 내외의 높은 배당을 해왔으며 안정적인 주가 상승으로 주주들에게 높은 수익을 안겨주었다. 특히 주가는 과거 10년 동안 약 3.4배 오르는 등 높은 성과를 올리고 있어 국민의 안정적인 재테크 수단으로 큰 역할을 해왔다. 앞으로도 긍정적인 수익률이 기대된다.

카사를 아시나요?

카사(KASA)는 핀테크 업체로 부동산 디지털수익증권(Digital Asset Backed Securities, DABS) 거래 플랫폼 기업이다. 일종의 거래소 역할을 하고 있다고 보면 된다.

카사에서 거래 방법은 주식과 거의 비슷하다. 부동산을 여러 사람이 소유할 수 있도록 부동산을 기초 자산으로 DABS를 발행(발

[그림3-24] 카사의 거래 방법

[표3-55] 카사와 리츠 비교

구분	카사	리츠
거래소 역할	KASA 플랫폼	증권거래소
거래 방법	KASA 앱	증권사 HTS
거래 단위	DABS	주식
편입 자산	1개 건물 단위	1개 건물 이상 (초기에는 1개 건물이더라도 유연하게 확대 가능)
자산 관리	신탁사	자산운용사(위탁관리리츠), 직접 관리(자기관리리츠)

행가 5,000원)한다. 즉, DABS는 부동산을 기초로 발행된 자산유동화증권으로 카사 플랫폼 내에서 KASA 앱으로 거래가 가능하다. DABS는 주식처럼 거래를 통한 시세 차익을 얻을 수 있고, 배당금도 받으며, 건물 매각 시 매각차익을 배분받을 수 있다.

부동산의 안정적 관리를 위해서 건물 소유권은 관리처분신탁 계약을 통해 신탁사에 넘어간다. 신탁사는 소유권 관리, 부동산 DABS 발행, 건물과 임대 수익 관리를 맡는 주체가 되며, 이는 리츠의 자산운용사 역할을 하는 것이다.

카사는 주로 강남 빌딩을 상장하는데, 중소형 빌딩 또는 구분등기 건물 등 작은 규모로 공모를 하고 있다. [표3-56]에서 보는 바와 같이 현재까지 3차례 공모를 해 조기에 완판되었다.

카사에서 공모한 부동산의 배당 수익률이 약 연 3%대로 리츠에

[표3-56] 카사의 공모 과정

구분	내용
1차 공모	2020년 12월 서울특별시 강남구 역삼동 '런던빌' 건물에 대해 공모를 진행해 101.8억 원을 모집했다. 2021년 4월 주당 47원(배당 수익률 연 환산 3.14%)을 배당했다.
2차 공모	서울특별시 서초구 서초지웰타워(15개 층 중에서 12층 구분소유)는 2시간 만에 40억 원을 모두 모집했다.
3차 공모	서울특별시 강남구 역삼동 한국기술센터빌딩(21개 층 중에서 21층 구분소유)은 연간 배당 수익률 3.5%로 예상되며, 공모 총액은 84억 5,000만 원으로 첫날 완판되었다.

비해 다소 낮은 수준이다. 이러한 차이는 리츠는 회사이므로 회사채 발행 등을 통한 레버리지 효과, 자산의 추가 편입 등을 통해서 다양한 수익 증대 방안이 가능하지만, 카사에 상장된 건물은 하나의 물건이고 자산신탁을 하다 보니 유연하게 이러한 수익화가 어렵기 때문인 것으로 보인다.

다만, 카사는 투자자들의 결정으로 건물 매각 시에 매각차익이 기대되며, 아직까지 초기 사업 단계이므로 성과는 조금 더 지켜볼 필요가 있다. 3개 건물의 거래가는 2021년 12월 초 현재 공모가 대비 조금 상승했다.

앞으로 상장될
리츠

    높은 배당과 부동산 시장의 활황으로 리츠에 대한 관심도가 증가하고 있다. 2021년 상장한 리츠의 일반공모 경쟁률은 다음과 같다. 디앤디플랫폼리츠가 35.4 대 1, SK리츠가 525 대 1, NH올원리츠가 453 대 1로 공모가 성공적이어서 상장을 준비하고 있는 리츠들이 많아지고 있다.

    미래에셋글로벌리츠, 신한서부티엔디리츠가 2021년 말에 상장을 준비하고 있다. 보유 자산이 물류센터·호텔·쇼핑몰 등 다양하게 구성되어 있다. 아울러 2022년 초에는 오피스 빌딩과 물류센터를 기초 자산으로 하는 마스턴프리미어1호리츠와 여의도의 하나금융투자빌딩을 기초 자산으로 한 코람코더원리츠가 상장할 것으로 전망된다.

[표3-57] 앞으로 상장될 리츠

	구분	상장 시기(전망)	기초 자산
1	미래에셋글로벌리츠	2021년 12월	미국 소재 물류센터 (휴스턴·탬파·인디애나폴리스)
2	신한서부티엔디리츠	2021년 12월	그랜드머큐어앰배서더호텔 인천광역시 연수구 스퀘어원 (복합쇼핑몰)
3	마스턴프리미어1호리츠	2022년 초	프랑스 파리 크리스털파크 국내외 물류센터
4	코람코더원리츠	2022년 초	서울특별시 영등포구 여의도동 하나금융투자빌딩

4장

미국의 리츠는 어떤 것이 있고 어떻게 투자해야 하나요?

미국의
주요 리츠

　자본 시장이 상당히 활성화된 미국에서 리츠는 1960년에 시작되었다. 미국의 리츠는 역사가 오래되어 그동안 많이 발전해왔으며, 다양한 리츠와 리츠 ETF가 상장되어 있다.

　특히 기초 자산 측면에서 우리나라보다 훨씬 많은 종류의 리츠가 상장되어 있다. 기본적인 오피스·상업시설·물류센터·호텔 등은 물론 인프라·데이터센터·셀프 스토리지·헬스케어 등 다양한 섹터의 기초 자산으로 상장되어 있다.

　이 책의 목적이 국내에 상장된 리츠에 대한 소개와 어떻게 투자해서 수익을 낼 것인지에 대한 것이므로 미국 리츠는 간단히 소개하겠다. 다만, 미국 리츠를 알면 국내 리츠 투자에 도움이 될 것으로 보여 대표적인 리츠를 간단히 알아보도록 하겠다.

[표4-1] 미국의 주요 리츠

(단위: 백만 달러)

구분	분야	시총(2021년 11월 현재)	홈페이지
아메리칸타워(AMT)	인프라	118,635	www.americantower.com
이퀴닉스(EQIX)	데이터센터	71,838	www.equinix.com
프로로지스(PLD)	산업(물류)	111,047	www.prologis.com
사이먼프로퍼티그룹(SPG)	상업시설(리테일)	54,645	www.simon.com
엑스트라스페이스 스토리지(EXR)	저장·보관시설	26,769	www.extraspace.com

* 미국 리츠는 분기별로 배당하고 있고, 데이터(배당·매출 등)는 KB증권 HTS 자료 참조

아메리칸타워

아메리칸타워(American Tower Corporation/AMT)는 무선 통신과 방송 통신 타워, 관련 인프라시설에 투자하고 이를 통신 사업자와 방송 사업자 등에 임대해주는 회사다.

우리가 통신을 하고 방송을 보려면 기지국과 전파를 주고받아야 하는데 이 기지국과 관련 인프라시설을 자산으로 한 리츠인 것이다. 주요 고객은 AT&T 등 미국의 유명한 통신과 방송 사업자인데 장기 계약으로 안정된 고객·사업 기반을 갖추고 있다.

[표4-2] 아메리칸타워의 연도별 매출과 이익 추이

(단위: 백만 달러)

구분	~2021.09	2020	2019	2018
매출액	6,912	8,042	7,580	7,440
순이익	2,114	1,691	1,888	1,236

[표4-3] 아메리칸타워의 연도별 배당금

(단위: 달러)

연도	~2021.09	2020	2019	2018
배당금	3.82	4.53	3.78	3.15

[표4-2]의 연도별 매출과 순이익 추이를 보면 지속적으로 성장하고 있음을 알 수 있다. 2018년 대비 2020년까지의 연평균 성장률이 매출액은 4%, 순이익은 17%로 성장했다.

다만, 2020년은 코로나19 상황에서 매출은 증가했으나 순이익은 2019년 대비 약 10% 하락했다. 하지만 2021년은 3분기까지 전년 대비 순이익이 대폭 성장했으며 코로나19 이전인 2019년보다 좋은 성과를 내고 있다.

배당은 분기별로 하며 연도별 배당금은 [표4-3]과 같다. 배당금은 사업의 안정적인 성장과 함께 지속적으로 늘어나고 있다. 연 배당 수익률은 2% 내외 수준으로 다소 낮으나, 주가는 2021년 초 대

[그림4-1] 아메리칸타워의 주가 추이

비 3분기까지 30% 이상 상승했다가 4분기에는 주가가 다소 조정을 보이고 있다. 다만, 2015년 초 90달러대에서 2021년 4분기 현재 약 3배 상승해 주가 상승률도 높은 수준이다.

이렇게 주가가 고성장하는 이유는 미국에는 국토 면적이 넓어 아직까지 통신 인프라시설을 지속적으로 확대하고 있으며 방송도 지속 성장하기 때문으로 생각한다. 통신·방송 인프라 사업을 하는 아메리칸타워는 앞으로도 긍정적인 성장이 기대된다.

이퀴닉스

이퀴닉스(Equinix/EQIX)는 미국·유럽·아시아 등에서 콘텐츠와 네트워크의 공급자 등을 대상으로 데이터센터 서비스를 제공하는 기업이다. 요즘 같은 4차 산업혁명 시대에는 콘텐츠·빅데이터 등 데이터의 양이 매우 많이 증가하고 있으며 이러한 데이터들을 안전하게 관리해주는 데이터센터의 수요는 지속적으로 늘어나고 있다. 이러한 수요 증가에 따라 이퀴닉스는 전 세계에 220개 이상의 데이터센터를 운영하면서 성장하고 있다.

[표4-4]의 연도별 매출과 이익 추이를 보면 지속 성장하고 있음

[표4-4] 이퀴닉스의 연도별 매출과 이익 추이

(단위: 백만 달러)

구분	~2021.09	2020	2019	2018
매출액	4,944	5,999	5,521	5,087
순이익	376	370	507	365

[표4-5] 이퀴닉스의 연도별 배당금

(단위: 달러)

연도	~2021.09	2020	2019	2018
배당금	8.61	10.64	9.84	9.12

을 알 수 있다. 2018년 대비 2020년까지의 연평균 성장률이 매출액은 약 8% 성장했으나 순이익은 0.7% 성장하는 데 그쳤다. 순이익 성장률이 낮은 이유는 2020년 코로나19 상황에서 매출액은 다소 늘었으나 순이익은 2019년 대비 많이 하락했기 때문이다. 하지만 2021년은 3분기까지 전년 동기 대비 순이익은 약 18% 성장해 코로나19 영향에서 벗어났음을 알 수 있다.

배당은 분기별로 하며 연도별 배당금은 [표4-5]와 같다. 배당금은 [표4-5]에서 보는 것과 같이 지속적으로 늘어나고 있다. 배당 수익률은 1.5% 내외로 다소 낮을 수 있으나 2021년 초 대비 3분기에 주가가 약 25% 상승했다가 4분기에는 주가가 다소 조정을 보이고 있다.

2015년 초 220달러 수준에서 2021년 4분기에 주가가 약 4배 상승했다가 다소 조정을 받고 있다. 이는 데이터센터 사업의 성장성을 높이 평가하기 때문인데, 데이터센터 사업은 빅데이터, 미디어콘텐츠, 각종 금융 정보 등 4차 산업 사회에서 데이터의 양이 급증해 많이 성장해왔다.

데이터센터 산업은 앞으로도 지속 성장할 것으로 기대하고 있다. 그 이유는 데이터의 양이 급증하고 기업들이 자사의 많은 데이터를 직접 보유하는 것보다 전문 기업이 데이터센터를 구축하고 대신 운영해주는 것이 기업 입장에서 안전하고 경제적인 측면에서 유리하기 때문으로 생각된다.

[그림4-2] 이퀴닉스의 주가 추이

프로로지스

프로로지스(Prologis/PLD)는 아메리카·유럽·아시아 19개국에서 주로 물류 분야의 부동산을 개발하고 투자 관리·운영하는 부동산 기업이다.

온라인 쇼핑이 커가면서 필수 시설인 물류 분야는 지속적으로 성장을 하고 있다. 프로로지스는 이러한 물류 분야에서 개발 사업과

[표4-6] 프로로지스의 연도별 매출과 이익 추이

(단위: 백만 달러)

구분	~2021.09	2020	2019	2018
매출액	3,482	4,439	3,331	2,804
순이익	1,691	1,482	1,573	1,649

[표4-7] 프로로지스의 연도별 배당금

(단위: 달러)

연도	~2021.09	2020	2019	2018
배당금	1.89	2.32	2.12	1.92

특화된 물류 솔루션을 기반한 물류센터 운영 등을 통한 수익 창출로 성장을 하고 있다.

[표4-6]의 연도별 매출과 순이익 추이를 보면, 매출은 지속적으로 높게 성장하고 있으나 순이익은 코로나19 영향으로 인해 2020년 다소 하락했다. 하지만 2021년은 3분기까지 전년 동기 대비 순이익이 40% 정도 대폭 성장해 코로나19 이전보다 훨씬 높은 순이익이 기대된다.

배당은 분기별로 하며 연도별 배당금은 [표4-7]과 같다. 배당금은

[그림4-3] 프로로지스의 주가 추이

지속적으로 늘어나고 있으며, 배당 수익률은 2% 내외로 다소 낮게 보일 수 있다.

그러나 2021년 초 대비 4분기 현재 주가가 약 50% 상승했다. [그림4-3]을 보면 2015년 초 40달러 수준에서 2021년 4분기 현재 약 4배로 주가가 많이 상승했다. 이는 프로로지스가 사업하고 있는 물류센터 등 산업 유통 분야가 온라인 커머스의 성장 등으로 인해 지속적으로 성장하고 있기 때문이다. 그래서 배당금과 주가도 지속적으로 상승하고 있으며 앞으로도 성장이 기대되고 있다.

사이먼프로퍼티그룹

사이먼프로퍼티그룹(Simon Property Group/SPG)은 전 세계에서 주로 상업시설 분야에 투자하는 부동산 기업이다. 지역 쇼핑몰, 프리미엄 아울렛과 해외 자산 투자 등 주로 소매 부동산 사업을 하고 있다.

[표4-8]의 연도별 매출과 순이익 추이를 보면 좋지 않은 상황이다. 2018년 대비 2020년까지의 연평균 성장률이 매출액은 -10%, 순이익은 -24%로 역성장했다. 그 이유는 2019년은 전년과 큰 차이

[표4-8] 사이먼프로퍼티그룹의 연도별 매출과 이익 추이

(단위: 백만 달러)

구분	~2021.09	2020	2019	2018
매출액	3,791	4,534	5,674	5,650
순이익	1,746	1,247	2,087	2,151

[표4-9] 사이먼프로퍼티그룹의 연도별 배당금

(단위: 달러)

연도	~2021.09	2020	2019	2018
배당금	4.2	6	8.3	7.9

가 없었으나 2020년의 하락세가 매우 컸기 때문인데 이는 오프라인 쇼핑몰 사업을 하는 사이먼프로퍼티그룹에는 코로나19가 매우 큰 악영향이 되었다. 2021년에는 코로나19 영향에서 벗어나 실적이 매우 개선되고 있으며 코로나19 이전인 2019년 수준의 실적이 전망된다.

배당은 분기별로 하며 연도별 배당금은 [표4-9]와 같다. 배당금은 2018년과 2019년이 거의 유사하지만 2020년에는 코로나19 영향으로 사업이 부진해 많이 하락했다. 다만, 주가가 높지 않아 배당수익률은 4.5% 내외로 다소 높은 수준에 있다.

[그림4-4] 사이먼프로퍼티그룹의 주가 추이

[그림4-4]를 보면 2021년 코로나19 영향에서 벗어나고 콘택트 주식들이 오르면서, 사이먼프로퍼티그룹의 주가가 4분기에 연초 대비 약 2배 상승했다. 이는 2020년 코로나19 초기에 주가가 다른 리츠들에 비해서 많이 하락했다가 코로나19 해소에 대한 기대감과 실적이 좋아지고 있기 때문으로 보인다. 다만, 사이먼프로퍼티그룹의 주가는 2015년 초 190달러 수준에서 2021년 4분기 현재 160달러대로 다소 하락했다.

엑스트라스페이스스토리지

엑스트라스페이스스토리지(Extra Space Storage/EXR)는 미국에서 2번째로 큰 규모의 셀프 스토리지 운영 업체다. 보유하고 있는 셀프 스토리지 시설을 임대뿐 아니라 관련 부동산의 취득·개발 등 부동산 관련 사업을 하는 회사다. 최근 5년간 46억 달러의 신규 인수를 통해 사업을 확장하고 있다.

[표4-10]의 연도별 매출과 순이익 추이를 보면 2018년 대비 2020년까지의 연평균 성장률이 매출액은 약 6%, 순이익은 약 -3% 성장했다. 이는 2020년에 코로나19로 순이익이 다소 하락했으나 2021년은 순이익이 매우 높은 성장을 하고 있다.

[표4-10] 엑스트라스페이스스토리지의 연도별 매출과 이익 추이

(단위: 백만 달러)

구분	~2021.09	2020	2019	2018
매출액	1,164	1,356	1,321	1,205
순이익	574	389	419	415

[표4-11] 엑스트라스페이스스토리지의 연도별 배당금

(단위: 달러)

연도	~2021.09	2020	2019	2018
배당금	3.25	3.6	3.56	3.36

　　배당은 분기별로 하며 연도별 배당금은 [표4-11]과 같다. 배당 금은 매년 소폭이나마 지속 성장해왔다. 특히 2021년은 순이익이 2020년 대비 매우 높아서 3분기까지 배당이 작년 배당의 90%로 이를 산술 계산해보면 작년 대비 20% 이상 늘어날 것으로 전망된다.

　　배당 수익률은 2.5% 내외이지만 주가는 2021년 초 115달러에서 11월 현재 70% 이상 상승했다. 이는 2021년도 3분기까지 실적이 좋은 점을 시장에서 인정한 것으로 판단된다.

　　[그림4-5]를 보면 주가는 2015년 초에 60달러대에서 2021년 4분기에 약 3배 이상 상승했다. 엑스트라스페이스스토리지는 물품의 저장·보관 시설을 운영하는 사업뿐 아니라 부가적으로 물품 손

실 리스크에 대한 재보험 등 연관된 사업도 전개하고 있다.

[그림4-5] 엑스트라스페이스스토리지의 주가 추이

미국의
리츠 ETF

ETF는 Exchange Traded Fund의 약자로, 기초 지수의 성과를
추적하는 인덱스 펀드다. 거래소에 상장시켜 투자자들이 주식처럼
편리하게 거래하도록 만든 상품이다.

리츠 ETF는 리츠들을 기초 자산으로 편입해, 편입한 리츠들의 주
가를 추적하도록 되어 있다. 리츠 개별 주식을 고르는 수고를 덜어주
는 펀드 투자의 장점과 편리하게 시장에서 매매할 수 있는 주식 투자
의 장점을 가지고 있는 상품이다.

미국 증시에 상장되어 있는 리츠 ETF는 여러 개 있지만, 대표적인
리츠 ETF 가운데 VNQ, IYR, XLRE를 [표4-12]에서 간단히 비교해
보았다.

[표4-12] VNQ · IYR · XLRE 비교

구분	VNQ	IYR	XLRE
운용사	뱅가드	블랙록	SPDR State Street Global Advisors
시가총액(백만 달러)	46,944	7,361	4,805
연 배당 수익률	3% 내외	2% 내외	3% 내외
보유 종목 수	170여 개	90여 개	30여 개
운용 수수료	0.12%	0.41%	0.13%

* 3개 ETF 모두 분기 배당

VNQ

VNQ(Vangurd Real Estate ETF)는 MSCI US 부동산 지수를 추적하는 ETF다. 미국 리츠 ETF 가운데 가장 유명하고 시총도 높으며, 170여 개의 종목에 투자하고 있다.

연 배당 수익률은 주가 변동에 따라 변하지만 대략 3% 내외 수준이다. 주가는 2021년 초부터 4분기까지 약 30% 상승했다. 다만 [그림4-6]을 보면 2015년 초와 2021년 초의 주가는 비슷한 수준이었다. 2015년 이래 장기간 박스권에서 움직이다가 2019년부터 조금씩 상승했으나 2020년 코로나19 영향으로 폭락과 반등 후 2021년 초부터 본격적으로 상승하고 있다.

[그림4-6] VNQ의 주가 추이

VNQ 주가는 과거 6년 동안 다우지수나 S&P500보다 상승률이
낮다. 참고로 2015년 이래 미국의 주요 지수 상승률은 다우 약 2배,
S&P500 약 2.2배, 나스닥 약 3.3배다.

IYR

IYR(iShares U.S. Real Estate ETF)은 다우존스 미국 부동산 지수를
추종하고 있으며 VNQ와 유사한 주가와 주가 추이를 보이고 있다.

[그림4-7] IYR의 주가 추이

편입하고 있는 종목은 부동산 관련 분야에 투자하는 리츠, 부동산 중개 기업 등을 포함해 90여 개 종목에 투자하고 있다.

연 배당 수익률은 주가 변동에 따라 변하나 대략 2% 내외 수준이다. 주가는 2021년 초부터 4분기까지 약 30% 상승했다. 다만 [그림 4-7]을 보면 IYR은 VNQ와 유사하게 2015년 초와 2021년 초의 주가는 비슷한 수준이었고, 2015년 이래 장기간 박스권에서 움직이다가 2019년부터 조금씩 상승했으나 2020년 코로나19 영향으로 폭락과 반등한 후 2021년 초부터 본격적으로 상승하고 있다.

XLRE

XLRE(Real Estate Select Sector SPDR Fund)는 S&P500 부동산 섹터의 종목이 편입되어 있으며, 모기지 리츠를 제외한 부동산 기업 등 30여 개 종목으로 구성되어 있다. 요즘 유행하는 물류센터, 데이터 센터 분야가 다른 리츠 ETF에 비해 다소 많이 편입되어 있다.

연 배당 수익률은 주가 변동에 따라 변하나 대략 3% 내외 수준이다. 주가는 2021년 초부터 4분기까지 약 33% 상승했으며 2015년

[그림4-8] XLRE의 주가 추이

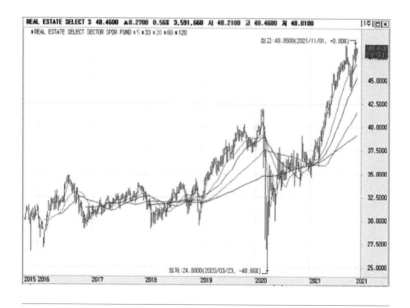

이래 6년 동안은 약 60% 상승해 VNQ, IYR보다 다소 높은 주가 상승률을 보이고 있다. 다만 XLRE 주가도 [그림4-8]에서 보는 바와 같이 2015년부터 2019년까지 박스권에서 움직였고 2019년부터 조금씩 상승하다가 2020년 코로나19 영향으로 폭락과 반등한 후 2021년 초부터 본격적으로 상승하고 있다.

미국의 상장 리츠에 어떻게 투자할 것인가

미국의 리츠들은 단순히 부동산 임대 사업보다는 해당 섹터와 관련된 사업을 하는 자기관리형 리츠가 대부분이다. 그러다 보니 성장하는 섹터의 리츠들은 사업의 성장성도 높아 이익과 배당금이 늘어나고, 주가도 고성장하고 있다. 그러나 일부 업종은 온라인 쇼핑이 증가하고 코로나19로 인한 피해 등으로 인해 좋지 않은 실적을 내고 있어 주가 성장성이 좋지 않다.

과거 6년의 실적을 기준으로 평가해보자. 성장하는 섹터의 리츠들인 아메리칸타워, 이퀴닉스, 프로로지스, 엑스트라스페이스스토리지 같은 리츠는 2% 내외의 배당 수익률에 높은 주가 상승의 성과를 이루고 있다.

반면 오프라인 아울렛을 운영하고 있는 사이먼프로퍼티그룹은 사업 성장률이 정체되어 있고 코로나19로 인해 이익도 줄어드는 상황이어서 배당 수익률은 4.5% 내외로 높지만, 주가는 좋지 않다. 다만, 2021년은 사이먼프로퍼티그룹의 주가가 연초 대비 많이 상승했는데 이는 2020년의 코로나19로 인해 큰 주가 하락에 대한 반등과 실적이 대폭 개선된 효과라고 볼 수 있다.

이와 같이 미국의 리츠들은 부동산 섹터로 분류되며 일반 회사와 동일한 특성을 보인다. 다우·나스닥·S&P500 같은 주가지수의 상승과 하락에 영향을 많이 받는 것으로 보이는 미국의 리츠는 주가지수가 떨어지면 같이 떨어질 가능성이 크다. 그러면 '미국의 리츠에 투자는 어떻게 하는 것이 좋을까?'라는 질문이 있을 수 있는데, 여기에 대해서 생각해보자.

미국의 리츠는 정보가 한정되어 있어 국내 투자자들은 조심스럽게 투자해야 한다. 안정된 수익을 올리고 생활비를 벌기 위한 투자자라면 포트폴리오 구성 시 일부분만 편입하는 것이 좋을 듯하다. 미국의 증시 상황에 큰 영향을 많이 받을 것이기 때문인데 회사 실적이 다소 나아지더라도 미국 증시가 많이 하락한다면 리츠의 주가는 같이 하락할 것이 우려된다. 그래서 미국의 리츠에 투자하려는 분들은 해당 리츠를 잘 분석해야 하고 미국 증시 상황도 같이 모니터링해야 한다.

최근의 미국 증시가 2021년 말에 테이퍼링이니 2022년에 금리 인상이니 고평가되었느니 해서 다소 불안한 상황이고, 달러 환율이 1,900원대 내외로 연초에 대비해 높은 수준에 있다. 자칫 성장하는 기업이라고 해서 주식을 샀는데 미국 증시가 하락하고 환율이 떨어진다면 손해를 볼 수 있다.

그래서 미국 리츠에 투자하려면 이러한 리스크를 헷지 또는 분산하기 위해 미국 증시가 안정된 후 성장하는 섹터의 리츠에 적립식 형태로 투자하는 것이 바람직할 수 있다. 적립식 형태의 투자를 권하는 이유는 환율, 미국의 증시 상황 등을 감안하면 자칫 높은 가격에 살 우려가 있기 때문에 이를 헷지하기 위함이다.

장기간 적립식 투자를 하면 이러한 변수들이 완화되고 평균값으로 살 수 있어 성장하는 섹터의 이점을 살릴 수 있다. 매월 적금하듯이 매수하는 것을 제안해본다.

한편 리츠 ETF에 대한 투자를 과거 실적으로 판단해보자. 안전하지만 배당 수익률이 3% 내외 수준, 주가 상승률도 높지 않았으므로 투자를 권하기는 조심스럽다. 특히 지수 ETF(다우·나스닥·S&P500)의 주가 수익률보다도 낮은 것으로 나타났다.

TIP

미국 지수 추종 ETF

우리나라에 코스피·코스닥이 있다면 미국에는 다우존스·나스닥·S&P500이 있으며 이들 지수를 추종하는 ETF가 있다.

① 다우지수는 미국의 다우존스사가 뉴욕증권거래소(NYSE)에 상장된 우량 기업 30개 종목을 표본으로 가격을 평균해 산출하는 지수다. 소속 종목은 코카콜라 등 전통적인 대기업과 금융사가 많다. 대표적인 ETF는 DIA(SPDR DJ Industrial Average ETF)가 있다.

② 나스닥지수는 주로 구글·애플·아마존닷컴 등 첨단 기술 기반의 회사들을 대상으로 하고 있다. 보통주를 시가총액에 따라 가중치를 부여해 산출한다. 대표적인 ETF는 나스닥100을 추종하는 QQQ(Invesco QQQ Trust)가 있다.

③ S&P500지수는 스탠더드앤드푸어사가 기업의 규모, 산업 대표성 등을 기준으로 선정한 500개 기업을 표본으로 산정한다. 대표적인 ETF는 SPY(SPDR S&P500)가 있다.

[그림4-9] 다우지수 추이

[그림4-10] 나스닥지수 추이

[그림4-11] S&P500지수 추이

5장

지인에게만
알려주는
국내 상장 리츠
안전한
실전 투자법

안전하게 수익을 올리는
투자법

　지금까지 국내와 미국 증시에 상장된 리츠를 알아보았다. 그러면 구체적으로 어떤 리츠를 선택하고 어떻게 포트폴리오를 구성할지, 어떤 시점에 매수하는 것이 좋은지, 어떤 마음가짐을 가져야 하는지 등 리츠 투자를 통한 수익을 극대화하는 방법을 소개하도록 하겠다. 국내 상장 리츠에 대한 투자법부터 설명하도록 하겠다.

자신의 투자 목적에 맞는 리츠를 선택하자

안정적으로 배당받아 생활비로 활용하기 원하는 투자자들은 임대 자산을 보유하고 임대료를 받아 주주들에게 배당하는 리츠에 투자하는 것이 좋다. 우리나라 증시에 상장된 리츠는 대부분 임대 운영형 리츠다.

상대적으로 주가 차익을 원하는 투자자들은 개발형 리츠에 투자하면 된다. 그러나 개발형 리츠는 주가 변동 폭이 커서 주가가 높을 때 매수하면 손실이 날 수 있으니 조심해야 한다. 자칫 개발 사업의 성공으로 사상 최대의 배당이 나온 후 다음 프로젝트 진행이 이어지지 않는다면 이후부터 주가는 당분간 하락할 수 있으니 지속적으로 사업이 잘될지 분석을 잘해야 한다. 반면 앞으로 이익이 많이 날 프로젝트가 있어 주가가 쌀 때 미리 선점한다면 높은 수익을 올릴 수 있다.

안전한 수익을 원하는 투자자는
배당 수익률이 높은 리츠로 포트폴리오를 구성하자

리츠는 대표적인 배당주이므로 배당 수익률이 높은 리츠가 주가가 높을 가능성이 크므로 안전하게 수익을 올리기를 원하는 투자자는 배당 수익률을 기준으로 하는 것이 좋다. 다만, 리츠도 주식이다 보니 배당 수익률이 4%대인 우량한 리츠도 있어 꼭 주가는 배당으로만 움직이지 않지만, 장기간 보면 배당 수익률이 높은 리츠의 주가가 제 가치를 찾아갈 가능성이 크다(참고로 여기서 배당수익률은 과거의 배당 수익률이 아니라 앞으로 6개월 이후에 전망되는 배당금을 기준으로 한 배당수익률이다).

본인이 설정한 기대 수익률이 나오는 리츠로 포트폴리오를 구성하면 좋을 것이다. 즉, 최소 연 5.5% 이상의 리츠를 대상으로 하고 보수적으로 운영을 원할수록 높은 배당수익률을 기준으로 삼는다. 필자는 리츠 중에서 배당 수익률 상위 2~3개 종목에 투자하다가 주가가 올라 다른 리츠에 비해 배당 수익률이 낮아지면 갈아타는 방법을 하고 있다.

이때는 주가 상승분이 꽤 많을 수 있다. 예를 들어 6% 내외 배당 수익률이 나오는 리츠 2종목을 보유하다가 1종목의 주가가 올라 배당 수익률이 5%대 초반까지 하락하고 일정 기간 박스권에서 움직이면 매도한다.

필자는 배당수익률이 5.5% 이하인 리츠는 관심을 가지려 하지 않는다. 보유하고 있는 리츠의 배당수익률이 6%였다가 주가가 오르면 배당수익률이 하락하는데 5.5%가 된다고 바로 매도하는 것이 아니라(주가도 관성이 있어 한번 방향을 잡으면 계속 그 방향으로 움직이려는 경향이 있음) 주가가 더 이상 오르지 않고 정체되었을 때 매도한다.

상승한 리츠를 매도한 후 배당 수익률이 높은 종목으로 갈아타면서 수익률을 높인다. 갈아타는 종목의 수익률이 거의 6%에 근접하는 종목을 선정해 매수한다. 다만, 리츠도 주식이다 보니 주가가 일

[표5-1] 연 350원 배당 가정 시

주가(원)	5,800	6,030	6,140	6,360원
배당 수익률(%)	6	5.8	5.7	5.5

시적으로 상승 또는 하락하니 그 원인을 분석해보고 재조정 여부를 결정한다. 더 좋은 대안이 있을 때는 바로 조정하는 것도 하나의 좋은 선택으로 생각한다.

배당 수익률 상위 2~3개로 포트폴리오를 구성한 후 주가의 상승과 하락에 따른 재조정 시, 배당금과 주가 상승분까지 포함하면 연 15% 이상 수익률이 나올 수 있다.

예를 들어 [표5-1]처럼 배당이 연 350원 나오는 리츠의 주가가 약 5,800원이면 6%의 배당 수익률이다. 배당이 유지되는 리츠이면 6,360원이 되면 5.5% 배당 수익률이 나온다. 이 정도면 매도하고 하락한 다른 리츠로 재조정해 매매차익으로 9.6% 수익이 발생하는 것이다. 배당 수익률과 주가 상승분까지 합치면 연 15% 이상의 수익이 나온다. 이 수치는 불가능한 것이 아니다. 1년에 주가의 최고점과 최저점을 보면 최소한 10% 이상은 되기 때문이다. 약간 어려울 수 있지만 이러한 기회는 1년에 1번 정도 나올 수 있다.

주식 시장이 좋지 않아서 일시적으로 하락하기도 한다. 그러나 배당이 높은 주식들은 큰 걱정하지 않아도 될 것 같다. 연 6% 배당이

[표5-2] 최근 1년 리츠별 배당금

리츠명	주당 배당금 (2020~2021)	참고 사항
에이리츠	현금 750원 (주식 0.112주)	개발 리츠로 매년 배당금액의 변동성이 큼 최근 1년 배당으로만 평가하면 안 되고 사업 진행 분석 필요
케이탑리츠	80원	연 1회 배당. 2021년 실적 개선으로 배당 상승 기대
모두투어리츠	150원	연 1회 배당 코로나19로 최소 보장 임대료 수준 수취 중으로 판단됨
이리츠코크렙	354원	리파이낸싱 성공으로 금번 배당부터 상승 전망 반기 보고서를 보면 이자 비용 대폭 감소로 순이익 증가
신한알파리츠	341원	리파이낸싱과 자산 추가 편입(보유 현금 활용)으로 향후 배당금이 상승 전망
롯데리츠	300원	유상증자와 자산 편입으로 일시 하락 2020년 322원(년) 수준으로, 향후 이 수준이 기준이 될 전망
NH프라임리츠	244원	리파이낸싱 발표했으나 아직 진행 중 향후 리파이낸싱 완료 시 배당 상승 전망
이지스밸류리츠	303원	2022년 증자 없이 자산 추가 편입으로 배당 증가 전망
미래에셋맵스리츠	153원 (6개월)	상장 후 1번 배당 다음 배당(3기)은 보유세 납부로 배당 소폭 하락 전망
이지스레지던스리츠	260원	현 수준 큰 변동 없을 것으로 전망
제이알글로벌리츠	343원	환율, 자산 추가 편입, 배당 정책 등 변동 요인 있음
코람코에너지리츠	166원 (6개월)	상장 후 1번 배당, 2021년 11월 말 기준 배당은 매각 차익으로 상승 전망이나 이후 기존 배당 수준 유지 전망
ESR켄달스퀘어리츠	134원 (6개월)	상장 후 1번 배당 증자 없이 자산 추가 편입 등으로 배당 상승 전망

나오는 리츠는 주식이 하락해도 보통 1년이면 배당금으로 하락분을 만회하고 이후 리츠가 정상적으로 평가받을 때 다시 오를 수 있기 때문이다. 그러므로 앞으로 배당금이 얼마가 나올지 정확하게 예측하는 것이 중요하다.

개발 리츠에 투자를 원한다면 리츠에 대해 정확히 알고 투자하자

개발형 리츠의 주목적은 분양을 통해서 수익을 얻거나 리모델링을 통한 밸류 업(Value Up, 가치 향상) 등으로 건물 가치를 올린 후에 이를 재매각해 매각차익을 얻는다. 개발형 리츠 투자에 성공하려면 공시, 사업 보고서, IR, 기사 등을 통해 분석해야만 수익을 올릴 수 있다.

개발 사업은 한 프로젝트를 개발하는 데 3년 이상 걸리므로 개발 사업이 끝난 다음 개발 사업 간에 일시적으로 수익이 들어오지 않을 수 있다. 자칫 개발 사업의 끝물에 주가가 높았을 때 매수했을 경우 주가 하락으로 힘든 시간을 보낼 수 있다. 반면 개발 초기에 주가가 많이 하락했을 때 매수하면 수익을 많이 올릴 수 있으니 매수 타이밍을 잘 선택해야 한다.

국내 상장 리츠의 기초 자산이 속한
섹터를 알고 투자하자

국내 상장 리츠는 기초 자산이 어느 섹터인지 알아야 한다. 속해 있는 섹터에 따라 임대료의 안정성과 상승 여력 등이 다르기 때문이다.

[표5-3] 국내 상장 리츠의 기초 자산이 속한 섹터

구분		리츠명
개발 사업		에이리츠
오피스		이지스밸류리츠(물류센터와 데이터센터를 확대해 멀티 섹터로 변신 중), NH프라임리츠, 신한알파리츠, 제이알글로벌리츠(해외)
호텔		모두투어리츠
상업시설		롯데리츠, 이리츠코크렙, 미래에셋맵스리츠
주거		이지스레지던스리츠
주유소		코람코에너지리츠
물류센터		ESR켄달스퀘어리츠
멀티 섹터	오피스+물류센터	디앤디플랫폼리츠, NH올원리츠(주차장도 포함)
	오피스+상업시설	케이탑리츠
	오피스+주유소	SK리츠

TIP

간단하게 리츠 주식의 적정 주가 판단하는 법

일반 투자자가 리츠를 투자할 때 어떻게 적정 주가를 판단할지 여러 방법이 있을 수 있지만, 복잡하게 재무 방식 등을 써서 하는 것은 일반 투자자가 하기 어렵다. 일반 투자자는 너무 복잡하지 않고 간단하게 적정 주가를 판단해야 투자하기 편하다.

국내 상장 리츠는 대부분 위탁관리리츠이며 임대 운영형이다. 단, 개발 리츠인 에이리츠는 제외다. 그러다 보니 매년 임대료는 큰 변화가 없다. 그러면 리츠의 기대 수익률을 얼마로 봐야 하는가. 5.5%로 보면 크게 무리 없어 보인다. 국내에 상장된 임대 운영형 리츠 12개의 최근 1년간 평균 배당 수익률은 약 5.5%다. 단, 최근 상장된 디앤디플랫폼리츠와 SK리츠는 아직 배당금 규모가 없어 제외한다.

이러한 기준으로 적정 주가를 생각해보면 배당이 연 300원 나오는 리츠의 합리적 주가는 5,450원 정도가 내가 생각하는 합리적 적정 주가로 판단된다.

$$300원/0.055 = 5,456원$$

향후에 리파이낸싱이나 추가 대출을 통한 투자 등으로 인해 배당이 늘어날 것이 예상되어 350원이 될 것으로 추정되면 다음의 수치가 적정 주가가 될 수 있다.

$$350원/0.055 = 6,363원$$

배당이 연 50원 늘어나는데 주가는 17% 높게 나오는 것이다. 그러므로 배당금이 어떻게 변화하는지만 보면 주가의 방향성을 예측할 수 있다. 다만, 적정 주가가 바로 주가에 반영되지는 않는다. 이는 주식 시장의 여건 등에 따라서 빠른 시일 내에 도달할 수도 있고, 다소 늦어질 수도 있다.

어떤 사람은 너무 배당으로만 평가하는 것이 아니냐고 문제를 제기할 수 있지만, 상장 리츠에 편입되어 있는 자산 대부분 우량하므로 크게 무리가 없어 보인다. 다만, 우량 자산을 보유한 상장 리츠에는 0.3~0.5%p 어드밴티지를 부여하는 것도 한 방법일 될 수 있다. 기대수익률을 자산이 초우량하면 5.0%, 우량한 수준이면 5.2%로 어드밴티지를 부여할 수 있다.

그렇다고 이 방법이 적정 주가를 판단하는 절대적인 방법은 아니다. 일반 주식도 애널리스트들의 개인적인 판단 기준에 따라서 적정 주가는 다를 수도 있고 시기에 따라 다를 수도 있다.

개인이 각 리츠의 적정 주가를 판단하기는 어렵다. 리츠의 주 특성인 배당 수익률과 보유한 자산 가치를 활용해 설명한 방법이 개인이 개략적인 적정 주가를 판단하기 쉽기 때문에 제안해보는 것이다.

아울러 리츠의 배당금을 전망할 때 기존의 배당금에 다음 상황을 추가로 염두에 둬야 한다.

① 낮은 이자율로 추가 대출을 받아(유상증자 없이) 신규 자산 투자를 하면 배당이 늘어나기 때문에 얼마가 늘어날지 반영해야 한다.

② 신규 대출을 일으켜 기존의 높은 이자율의 대출을 갚으면 비용이 절감되어 배당이 늘어난다.

③ 유상증자해서 신규 자산을 편입한다면 새로운 자산에 투자한다고 해서 배당금이 늘어나는 것이 아니다. 신규 자산의 수익률을 봐야 하는데 기존 자산과 수익률이 별 차이가 없다면 배당금은 동일하다. 만약 신규 자산을 싸게 매입해서 수익률이 높아진다면 당연히 배당금도 조금 높아질 수 있다.

④ 일시적으로 매각차익이 들어올 때는 이 매각차익으로 인한 배당금과 기존의 배당금 규모를 감안해 예상 배당금 규모를 산정한다. 한편, 리츠 ETF 상장 등으로 리츠에 대한 수요가 증가하는 요인이 발생하면 적정 주가 산정 시 기대 수익률을 더 낮게 잡을 필요가 있다.

배당 기준일을 확인하고
포트폴리오 구성을 고려하자

가능하면 배당을 반기에 1번 이상 지급하는 리츠로 구성하고 특정
월에 몰리지 않는 3개 종목이면 2개월에 1번씩 배당을 받을 수 있다.

[표5-4] 리츠별 배당 기준 월

배당	결산 월(배당 기준)	리츠명
연 1회	12월	에이리츠, 케이탑리츠, 모두투어리츠
연 2회	2월, 8월	이지스밸류리츠
	3월, 9월	신한알파리츠, 디앤디플랫폼리츠
	5월, 11월	NH프라임리츠, 미래에셋맵스리츠, 코람코에너지리츠, ESR켄달스퀘어리츠
	6월, 12월	이리츠코크렙, 롯데리츠, 이지스레지던스리츠, 제이알글로벌리츠, NH올원리츠
연 4회	3월, 6월, 9월, 12월	SK리츠

* 실제 배당은 결산과 주총을 통과해야 하므로 결산 월에서 약 3개월 후 배당금이 계좌로 입금됨

호재성 공시가 나오면
매수를 통해 수익을 극대화하자

첫째, 최근 리츠의 가장 큰 호재성 공시 가운데 하나는 가격이 많이 오른 부동산의 매각에 대한 공시다. 물론 매각 손실이 있을 수 있지만, 최근에는 부동산 가격이 많이 올라 매각차익이 발생하기 때문에 대부분 호재로 인식할 수 있다.

　　매각차익은 주주들에게 특별 배당되므로 주가가 단기간에 많이

[그림5-1] 코람코에너지리츠의 자산 매각 공시 사례

오를 수 있다. 그러나 매각차익을 받은 후에는 주가가 제자리로 갈 수 있으므로 배당을 받을지 주가가 올랐을 때 매도할지 잘 판단해야 한다.

[그림5-1]은 코람코에너지리츠의 자산 매각 공시 사례다. 상장 시 187개 주유소를 보유한 코람코에너지리츠는 27개를 매각하기로 2021년 3월 19일 공시를 했다. 3월 19일에 주가는 4,895원이었다. 이후 매각차익에 대한 특별 배당 기대감으로 주가는 11월 말 7,000원까지 상승했다.

둘째, 리츠는 레버리지 효과를 통해 수익률을 높이기 위해 대출을 많이 받고 있는데, 중요한 것은 이자율이다. 보통 리츠는 대출을 50% 이상 받으므로 대출 이자율 하락 시 비용이 절감되어 배당 수익률은 당연히 올라간다.

이자율 하락이 주가에 미치는 영향을 계산해보면 다음과 같다. 쉽게 설명하기 위해 가정을 단순하게 했다.

(1) 가정

1,000억 원짜리 건물을 자본금 500억 원(5,000원×1,000만 주), 부채 500억 원으로 취득하고 이자율은 4%(이자 연 20억 원)로 영업이익이 50억 원, 순이익이 30억 원일 경우를 가정해보자.

(2) 배당 효과

이자율이 4%라면 주당 배당금은 300원이다. 이자율이 3%로 하락하면 순이익이 35억 원이 되어 주당 배당금은 350원이 된다. 배당이 50원 높아지는 것이다. 이 50원이 주가에 어떤 영향을 미칠지 계산해보자. 기대 수익률을 5.5%로 생각해보면 909원의 주가 상승 효과가 나온다.

$$50원/5.5\% = 909원$$

이자율 1% 하락으로 약 909원의 가치가 올라가니 이자율 하락이 얼마나 큰 호재인지 알 수 있다. 그러므로 리츠에서 리파이낸싱으로 이자율을 낮춘다는 공시가 뜨면 해당 리츠 주식을 빠르게 매수하는 것이 좋을 듯싶다.

[그림5-2]는 이리츠코크렙의 이자율 하락 공시 사례다. 이리츠코크렙이 리파이낸싱으로 이자율을 낮춘다는 공시가 2021년 4월 15일 나왔다. 4월 15일 종가가 5,750원이었는데 이후 주가가 지속적으로 올라 거의 7,000원까지 올라갔다. 이후 1대 주주가 보유하고 있던 주식 일부(780만 주)를 7월 1일 자로 매각하고, 약 374만 주를 10월 26일 자로 기관에 매각했다. 이후 기관의 매물 출회로 인해 주가가 하락하고 있는데 이는 일시적 하락으로 리파이낸싱 효과가 점

[그림5-2] 이리츠코크렙의 이자율 하락 공시 사례

차 주가에 다시 반영될 것으로 보인다. 지분 매각 이유는 구조조정리츠에서 위탁관리리츠로 전환하기 위함이었다.

주가 상승이 매각 공시나 이자율 하락으로만 영향을 미치지는 않겠지만 배당 수익률이 상승하므로 주가 상승의 상당 부분을 차지했을 것으로 판단된다.

글로벌지수나 ETF에 편입되면
주가에 긍정적인 요인이 된다

글로벌지수나 ETF 등에 편입되면 주가에는 호재이므로 포트폴리오 편입을 고려하는 것이 바람직하다. 현재 신한알파리츠(S&P가 설정한 8개 지수), 롯데리츠(MSCI, FTSE), 제이알글로벌리츠(MSCI, FTSE)가 글로벌지수에 편입되어 있다.

국내에 리츠 상장이 늘어나고 있는 상황에서 조만간 상장된 리츠가 20개가 넘을 것으로 전망된다. 리츠를 기초 자산으로 하고 있는 ETF는 TIGER 부동산인프라고배당, TIGER KIS부동산인프라채권 TR이 있는데, 리츠 ETF가 더 만들어질 수 있는 여건이 조성되고 있는 셈이다.

향후에 리츠 ETF가 추가로 만들어진다면 리츠들을 편입해야 하므로 리츠의 주가에는 긍정적일 것이다. 다만, 규제상 ETF에는 재간접 리츠가 편입하기 어렵다.

해당 리츠의 발전 가능성과
계약 구조를 확인하자

부동산 업계에서 코로나19에 가장 큰 피해를 입은 분야는 호텔이고 그다음이 상업시설이며, 오피스 빌딩은 큰 영향이 없이 오히려 빌딩 가격이 많이 오르고 있다. 물류센터는 코로나19로 온라인 쇼핑이 강화되어 더 성장하고 있다.

코로나19로 인해 호텔이 적자가 나고 있다고 해서 리츠가 배당을 하지 못할지 걱정하는 사람이 적지 않을 것이다. 모두투어리츠에서 보듯이 배당금이 높지 않지만, 배당이 나오고 있다. 이는 호텔 운영사와의 계약 구조상 최저 보장 임대료가 있기 때문이다. 이는 계약 구조를 잘 들여다보면 알 수 있다. 앞으로 호텔 운영사가 수익을 많이 내면 객실 매출의 일정 부분이 수익으로 들어오므로 배당이 더 늘어날 것이다.

상업시설로 상장된 리츠인 롯데리츠, 이리츠코크렙, 미래에셋맵스리츠는 대기업과 고정 임대료 방식의 책임임대차 계약으로 되어 있어서 거의 일정한 수준의 임대료가 안정적으로 들어오고 있다. 물론 매년 임대료 상승을 일정 부분 반영하고 있다.

오피스 빌딩은 코로나19로 인해 피해 보는 기업과 이익을 보는 기업이 상존하고 있다. 서울 시내 공실률 추이는 큰 변화가 없어 코로나19로 큰 영향이 없는 것으로 판단된다. 특히 오피스 계약 기간이 보통 3년 이상이므로 일시적인 영향으로는 중도 해지하지 않는다.

오피스 빌딩은 오히려 인근에 신축 빌딩 등이 들어서 공급이 많이 늘어나면 악재가 될 수는 있다. 예를 들어 여의도 지역에 전경련회관, IFC빌딩, 파크원 등 대형 건물이 신축되면서 공실률이 높은 수준이었으나 기타 지역들은 공실률 추세에 큰 변화가 없다.

국내에 상장된 리츠들은 주로 서울 등 핵심 지역에 위치하고 물량이 많이 늘어나는 지역이 아니므로 공실률은 크게 걱정하지 않아도 될 것 같다.

물류센터는 성장 섹터이지만 현재까지는 수익률이 다른 섹터보다 높다고 할 수 없다. 다만, 계약 구조가 장기간 책임임대차 계약으로 되어 있고 수요가 많기 때문에 공실률에 대한 리스크는 상대적으로 적지만 물건별로 수익률을 계산해 판단해야 할 것이다.

내재 가치가 있는 리츠를 매수했다면
여유 있게 배당을 누리자

리츠도 주식이다 보니 내재 가치를 반영하지 못할 때가 적지 않다. 보유 자산의 가치가 많이 올랐고 배당도 많이 주는데 주가는 하락하는 경우가 있다. 이렇게 되면 해당 리츠의 주주들은 불안하다. 내가 잘못 샀나, 내가 모르는 좋지 않은 일이 있는 것은 아닌가 등 이런저런 생각이 든다.

리츠는 일반 주식보다 분석하기가 훨씬 쉽다. 보유 부동산에 문제가 없는지, 배당에 영향을 주는 이자율의 변화와 추가 투자하려는 자산 등 일반 상식으로 이해할 수 있는 내용이다. 그래서 일시적인 변동에도 안심하고 투자할 수 있다.

리츠는 안정적인 배당과 자산을 보유하고 있으므로 결국 내재 가치가 반영될 것이다. 기관들의 포트폴리오 재조정 등으로 인해 일시적으로 하락할 때가 있는데 이때가 매수를 기다리는 투자자들에게는 감사할 따름이다.

예를 들어 주가가 5,000원인 리츠의 배당이 280원(배당 수익률 5.6%) 나오는 리츠가 있다고 가정해보자. 주가가 4,500원까지 떨어졌다고 생각하면 이 리츠의 수익률은 6.2%가 나온다. 높은 수익률로 꼭 투자할 만한 리츠가 된 것이다. 항상 리츠에 관심을 두고 있다가 일시적으로 하락했을 때 매수하면 좋은 기회가 될 수 있다. 단, 매수하기 전에 우리가 모르는 특별한 악재가 없는지 확인한다.

자산을 기초로 그 가치를 인정받는 리츠는 자산의 가격이 매우 중요하다. 자산의 가격은 경제 위기 등 특별한 사유가 없으면 그동안 지속 상승해왔기 때문에 안전하다.

물가 상승, 임대료 상승 등으로 자산 가치가 조금이라도 오를 가능성이 크지 않을까 판단되고 이에 따라 리츠의 주가는 자연스럽게 오른다고 기대할 수 있다. 일반 회사처럼 사업이 잘되지 않으면 투자금을 날릴 위험이 별로 없으므로 리스크가 거의 없다. 장기적으로 배당을 누리는 것이 좋을 듯하다.

주식 시장의 트렌드를 반영하는 주가는 소외되었을 때가 찬스다

국내의 주식 시장이 2020년 하반기부터 성장주 중심으로 상당히 상승했다. 리츠주 같은 배당주들은 장기간 소외되었다. 주가 하락으로 저금리 시대에 배당 수익률이 6% 이상이 나오는 저평가 리츠들이 많아졌다.

2021년 1분기부터 성장주들의 하락과 주식 시장의 조정에 따라 변동성이 커지면서 투자자들이 꽤 어려워했다. 이때부터 가치주와 배당주가 상승하기 시작했는데 리츠주도 주식 시장에서 재평가되면서 가격이 오르기 시작한 것이다. 그러므로 내재 가치가 있는 리츠들이 일시 하락했다고 걱정할 필요는 없다. 결국은 본연의 가치를 찾아갈 테니 말이다.

일시적인 주가 하락으로 배당 수익률이 6%가 나온다면 주가가 하락하더라도 1년 배당이면 하락분을 만회하고 그 후부터 수익이 발생할 것이며 시간이 되면 내재 가치를 인정받아 주가가 오를 것이기 때문이다. 가치 있는 리츠를 발굴해 여유 있게 보유한다면 배당과 주가 상승 2마리 토끼를 잡을 수 있을 것으로 생각된다.

상황에 따라 분산투자·집중투자 등을 결정하고 장기 투자하자

직장인 등 매월 수익이 들어오는 사람이라면 매달 적금식으로 투자하는 것이 좋다. 부동산 가격은 오르고 있고 인플레이션에 따라 임대료도 같이 오르므로 배당금이 늘어난다. 그러면 자연스럽게 주식도 오를 수 있다. 아울러 배당 수익률이 높은 리츠는, 적금이나 예금을 매월 투자하듯이 리츠도 매월 투자금과 배당까지 재투자한다면 나중에는 많은 수익이 창출될 것이다.

퇴직한 사람들은 포트폴리오로 편입해 저평가된, 즉 배당 수익률이 높고 기초 자산이 안전한 리츠에 투자해 안전한 배당금을 받아 생활비로 활용하는 것이 좋을 것이다. 투자 종목 선정, 포트폴리오 구성과 재구성 등의 원칙을 준수한다. 그렇다고 리츠에만 집중 투자하라는 얘기는 아니다. 본인의 상황에 따라 전체 자산 가운데 적정 포트폴리오를 설정해 투자하는 것을 추천한다.

이렇게 투자하려면 기초 자산이 탄탄해 안정적 수익을 올리고 배당 수익률이 높은 리츠에 투자하는 것은 필수다.

신규 상장된 리츠보다 저평가된 기존 리츠에 관심을 쏟자

리츠는 상장하려는 목적으로 호재성 홍보를 많이 한다. 그리고 배당 목표가 5.5%니 6%대니 홍보를 한다. 하지만 이 목표를 달성한다는 보장은 없다. 초기에 홍보하다 보면 시초가가 많이 올라가서 시작한다. 예를 들어 목표 배당률을 5.5%로 상장했는데, 상장한 후 주가가 10% 오르면 실제 배당 수익률은 5%로 하락한다. 목표 배당률을 6%로 상장했는데, 상장한 후 주가가 10% 오르면 실제 배당 수익률은 5.45%가 된다.

신규 상장한 리츠와 유사한 섹터에서 기존에 상장된 리츠의 배당 수익률이 6%가 나오는 것이 더 낫지 않을까? 기존의 리츠들은 배당 수익률이 검증되었고 보유한 건물 가격이 많이 상승한 상태이니 말이다. 참고 자료를 보면 최근 2년 동안 서울특별시 강남 지역의 건물 가격은 거의 40% 이상 상승했다고 한다.

최근에 상장된 리츠들의 자산은 현재 기준으로 감정평가하고 감정평가금액 또는 조금 싼 수준으로 편입한다. 어떤 건물주든 리츠에 매각한다고 대폭 할인해서 판매하지는 않을 것이다.

기존의 리츠들은 시간 가치를 반영해 건물 가격이 오른 것인데, 시장에서 거래되는 주가는 이러한 가격이 제대로 반영되지 않아 대개 주가가 낮다. 그러다 보니 향후 건물이 매각된다면 주가가 대폭 상승하지 않을까? 그러므로 신규 상장 리츠는 배당이 나온 다음 사업 방향 등을 파악하고 투자해도 전혀 늦지 않다.

상업용 부동산 가격 동향

국내 상업용 부동산 가격은 등락이 있지만 지속적으로 상승하는 추세다.

자산운용사인 이지스리서치센터에서 발표한 자료에 따르면, 2010년 대비 2020년 상업용 부동산 매매가가 오피스 약 58%, 물류 약 67%, 리테일 약 46%가 상승했다고 한다. 이는 저금리와 부동산 관련 상품 증가, 기관과 외국 투자자들의 국내 부동산 투자 증가 등으로 인해 부동산 가격이 오르고 있음을 알 수 있다.

글로벌 부동산 리서치 회사인 RCA(Real Capital Anaytics)에 따르면, 2021년 2분기 서울 상업용 부동산 가격은 8.7% 상승했다. 2021년 세계 주요 도시를 통틀어 분기별 최고 가격 급등이다. 특히 강남의 오피스 빌딩 가격은 2019년 말 이후 거의 40% 가까이 상승했다고 한다.

이러한 리서치 자료들은 국내 상장 리츠가 보유하고 있는 대부분 자산의 가치가 지속적으로 오르고 있음을 알려주고 있다.

자산 포트폴리오
어떻게 하면 좋을까

개인별로 어떻게 포트폴리오를 구성해야 하는지에 대한 질문이 있을 수 있다. 이는 개인적으로 처한 상황에 따라서 다를 수 있으므로 일률적으로 어떻게 하는 것이 좋다고 얘기할 수는 없다. 그래도 기본 가이드는 있어야 하지 않느냐고 재차 물을 수 있다. 이에 대해 필자의 경험과 관점에서 제시할 것이니 기본 가이드라고 생각하고 참고하기 바란다.

이 책은 주식 등 '고위험 고수익'을 원하는 사람들을 대상으로 하는 것이 아니다. 안정적으로 수익을 올리기를 바라는 사람을 대상으로 최대한의 수익을 올리는 방안을 생각하는 것이니 이를 감안하도록 하자.

20~30대 직장인의 포트폴리오

20~30대 직장인은 월급이 그리 많지 않다 보니 저축할 수 있는 금액이 많지 않을 수 있지만, 안정적인 노후를 위해서는 최대한 절약해서 모아야 하는 시기다.

이 시기는 자녀의 교육비가 많이 들어가지 않으므로 40~50대에 비해 저축하기가 상대적으로 나을 수 있다. 퇴직까지 기간이 많이 남아 있어 투자에 대한 수익이 복리로 불어서 나중에는 더 큰 수익으로 돌아올 수 있는 기간이기 때문이다. 그래서 빠른 시일 내에 시드머니를 모을 수 있도록 해야 하고 포트폴리오를 다소 공격적으로 할 수 있는 시기이기도 하다.

매월 가처분소득의 60%를 상대적으로 리스크는 조금 더 높지만 다소 높은 수익이 나오는 상품에, 40%를 중수익이 기대되는 상품에 투자하기를 추천한다. 여기서 60%를 투자하는 다소 높은 수익이 나오는 상품에는 '미국 주가지수 ETF'(다우, 나스닥, S&P500 추종 ETF) 또는 미국의 '성장 섹터 리츠'에 매월 일정 금액을 적립식으로 투자하는 것이 좋을 것 같다.

(1) 미국 주가지수 ETF는 국내에 상장되어 있는 ETF도 있고 미국에 상장되어 있는 ETF도 있다. 일일 거래량이 많은 대표적인 ETF에

투자하는 것이 좋다.

(2) 미국의 리츠는 부동산 섹터의 기업으로 볼 수 있으므로 성장하는 섹터의 리츠에 투자해야 한다. 4장에 설명해놓았으니 참조하고 종목을 잘 선택하도록 한다.

특히 미국 주가지수나 리츠는 그동안 고성장해왔으나 지금의 미국 증시가 많이 오른 상황이고, 환율도 높은 상황이다 보니 일시에 목돈을 넣는 것보다는 분할 매수가 좋을 것으로 판단된다. 증시가 좋을 때는 고수익이 될 수 있지만 나쁠 때는 장기간 고생하고 자칫 손실이 날 수 있으므로 이러한 영향을 헷지하려면 매월 적립식으로 투자하는 것이 바람직하다.

나머지 40%는 국내의 상장 리츠에 투자하는 것이 좋을 듯하다. 종목 선정은 고배당 리츠 2종목에 절반씩 투자하는 것이 좋을 듯하다. 여기서 자산을 보유한 임대 운영형 리츠에 투자하고, 배당금액이 지속적으로 현 수준 이상으로 이어질 것으로 전망되는 리츠를 잘 선택해야 한다. 3장의 종목 선택을 꼼꼼하게 공부하고 판단한다.

한편 긴급 자금이 필요하지 않을까 걱정하는 사람이 있을 수 있다. 상장된 ETF나 리츠는 자금이 필요할 때 매도하면 2일 후에 현금화할 수 있으므로 굳이 이자가 거의 없는 예금이나 CMA 등에 넣는 것은 바람직하지 않은 것 같다. 특히 요즘은 신용카드 등으로 긴급하게 일시적 자금은 빌릴 수 있는 등 개인의 상황에 따라 긴급 자금 운용 여부를 결정하면 될 것 같다.

단, 미국 주가지수 ETF나 미국 리츠는 장기 투자가 특히 중요하다. 미국 증시 그래프를 보면 장기적으로 우상향하지만, 6개월 정도는 하락과 조정 등 일시적으로 등락이 있을 수 있다. 장기적으로 적금이나 펀드에 넣듯이 매월 정기적으로 투자하면 장기적으로는 좋은 수익이 기대된다.

40~50대 직장인의 포트폴리오

40~50대는 월급의 상당 부분이 상승하는 반면 자녀가 성장하면서 학원비·주거비 등으로 인해 가처분소득이 많지 않을 수 있다. 그러면 어떻게 포트폴리오를 구성하면 좋을지 생각해보자. 20~30대보다는 다소 보수적으로 운용해야 할 것이다. 그래서 매월 가처분소득의 40~50%를 다소 수익이 높은 상품에, 50~60%를 중수익이 기대되는 상품에 투자하기를 추천한다.

언급한 대로 40~50%의 다소 수익이 높은 상품인 '미국 주가지수 ETF' 또는 '미국의 성장 섹터 리츠'에 매월 일정 금액을 적립식으로 투자하고, 나머지 50~60%는 중수익인 국내 상장 리츠 가운데 배당 수익률이 높은 2개 종목에 반씩 투자하는 것이 좋을 것 같다.

투자 종목은 자산을 보유한 임대 운영형 리츠에 투자하고, 배당 금액이 지속적으로 현 수준 이상으로 이어질 것으로 전망되는 리츠를 신중하게 선택해야 한다. 3장의 종목 선택을 꼼꼼하게 공부하고 판단한다.

퇴직자를 위한 재테크 포트폴리오

퇴직자들은 현직에 있는 사람들과는 상황이 약간 다르다. 퇴직금 등으로 일시적인 목돈이 있는 퇴직자들은 매월 생활비가 필요하므로 안정적인 수익률이 특히 중요하다. 리스크 또한 거의 없어야 한다. 그런 차원에서 리스크가 다소 있는 곳에 투자는 축소하고 중수익 이상의 안정적인 배당이 나오는 리츠 중심으로 포트폴리오를 구성하는 것이 좋을 듯하다.

70%는 국내의 상장 리츠에, 20%는 미국 주가지수 ETF나 미국의 성장 섹터 리츠에 투자한다. 10%는 긴급자금으로 활용하기 위해 CMA나 MMF 등에 투자한다. 이 10% 자금은 일시에 주가가 하락했을 때 매입할 수도 있을 것이다.

국내의 상장 리츠에 투자하는 70%는 배당 수익률이 높은 2개 종목에 각 35%씩 투자하는 것이 좋을 듯하다. 투자 종목 선정은 자산을 보유한 임대 운영형 리츠에 투자하고, 배당금액이 지속적으로 현 수준 이상으로 이어질 것으로 전망되는 리츠를 잘 선택해야 한다. 3장의 종목 선택을 꼼꼼하게 공부하고 판단한다.

미국 주가지수 ETF나 미국 성장 섹터 리츠에는 각 15%씩 투자하는데 한 번에 매수하지 말고 6개월에 균등 배분해서 매월 동일한 날짜에 매입하는 것을 추천한다. 이유는 주가와 환율이 현재 높은 수준인지 낮은 수준인지 잘 모르는 상황에서 한 번에 들어가면 자칫 오랫동안 고생할 수 있으므로 6개월에 나눠 매수하면 평균 단가로 리스크를 상당 부분 헷지할 수 있기 때문이다.

한편 퇴직자는 목돈으로 투자하므로 세금 문제를 고려해야 한다. 배당금·이자 등 금융소득이 2,000만 원까지는 15.4%의 세금만 부과되지만 2,000만 원 이상이라면 다른 소득과 합쳐서 종합소득세 과세 대상이 된다.

투자금액과 다른 소득이 많다면 배당 등 금융소득을 2,000만 원 이하로 낮추고 그 비중을 미국에 상장되어 있는 주가지수 ETF나 성장 섹터 리츠를 매수하는 것도 고려해볼 만한 것으로 보인다. 단, 미국 주식은 매도 시 양도소득세가 22% 부과되는데 이 세금을 아깝다고 생각하는 사람이 있지만 많은 수익을 올렸다면 세금은 웃으며 내는 것도 어떨까 싶다.

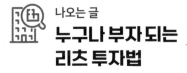
지금까지 리츠의 개념과 국내·미국의 상장 리츠에 대해 알아보고, 특히 국내의 상장 리츠에 대한 투자법 등을 설명했다. 이 책에서 설명한 방법으로 투자를 해서 효과를 보았기 때문에 소개했지만, 모든 사람에게 맞지 않을 수 있다. 여러분이 이 방법을 공부하고 체화한 후에 실천해야 그 효과가 발생할 수 있을 것이다. 마지막으로 상장 리츠 투자를 통해서 수익을 올리기 위해 다시 한번 당부하고 싶은 것이 있다.

먼저 국내외 리츠의 포트폴리오에 관해 얘기해보겠다. 미국 리츠는 자기관리리츠이므로 섹터가 부동산인 일반 기업의 주식과 거의 동일하다고 볼 수 있다. 그래서 주식 시장의 상황과 밀접한 연관성이 있다. 그동안의 사례를 보면 미국 지수들이 상승하면 같이 상승하고, 하락하면 같이 하락하는 연관성이 다소 높은 경향이 있다.

최근의 미국 증시가 코로나19 위기로 양적 완화 등으로 달러가 많이 풀려 주식 시장이 오버슈팅되었다는 얘기와 이를 해소하기 위해 2021년 말 테이퍼링, 2022년 금리 인상을 할 계획이라는 얘기가 있다. 이러한 상황을 감안하면 미국 리츠에 관한 투자는 불확실성이 해소되는 시점에 투자를 검토하는 것이 좋을 듯싶다.

그리고 미국 리츠는 시장에 대한 정보 부족과 환율의 영향 등을 감안하면 투자 비중을 국내에 비해 일부 비중만 하고, 이 또한 분할 매수하는 방법이 더 안전하게 투자할 수 있을 것으로 판단된다.

국내의 상장 리츠에 안전하게 투자하기 위해 배당 수익률이 높은 리츠 2~3개에 투자하는 것이 바람직 해 보인다. 배당금 규모는 과거 배당금액으로만 생각하지 말고 리파이낸싱 등으로 향후 1년의 배당금 규모를 예측해야 한다.

지금 같은 저금리 시대에 보유하고 있는 자산의 가격이 계속 오르고 배당이 높은 리츠들은 리스크가 거의 없을 것으로 생각된다. 다만, 금리 인상 속도가 수익률에 어느 정도 영향을 미칠 수 있지만, 인플레이션에 따른 임대료도 상승하니 이러한 수익성에 미치는 요인이 거의 상쇄될 수도 있다. 이 같은 상관관계에 대해서도 꾸준히 점검해봐야 한다.

리츠도 주식 시장에 상장되어 있으므로 주식의 특성을 이해해야 한다. 주식 시장에서 내재 가치가 있는 주식들이 항상 제 가치를 인정받은 것이 아니다. 이는 모든 사람에게 완전히 오픈된 정보 상태가 되어야만 어느 정도 가능성이 있지만 이러한 상황은 불가능하다. 리츠도 마찬가지다.

리츠가 보유하고 있는 자산의 가치가 대폭 오르고 배당 수익률도 높은데 주가가 내재 가치를 반영하지 못하는 경우가 많다. 일시적으로 주가가 하락하는 경우도 많은데 그 이유는 다양하다. 기관의 포트폴리오 조정, 일반 투자자의 오랜 기다림에 따른 매물 출회, 정보의

비대칭성 등이 있지만, 시간이 지나면 내재 가치가 있는 리츠는 그 가치를 인정받을 수밖에 없을 것이다. 배당 수익률이 높은 리츠를 장기로 보유하고 있으라고 조언한 이유다.

배당 수익률이 높으면 일반 투자자도 길게 가져가기가 두렵지 않다. 어차피 예금·적금 등 다른 안전한 투자처보다 훨씬 수익률이 높기 때문이다. 오래 보유하다 보면 배당이 쌓이고 주가도 그 가치를 인정받게 될 것이므로 수익률은 당연히 높아질 것이다. 주식 시장이 성장주만 오르는 것이 아니라 성장주와 가치주 등 순환매가 일어나듯이 말이다.

국내 상업용 부동산 가격은 경제 위기 등 특별한 경우를 제외하고는 그동안 계속 상승해왔다. 일부 섹터별로 차이가 있고 일정 기간 등락이 있을 수 있지만, 국내의 상장 리츠들이 보유하고 있는 자산들의 가격은 많이 오른 상태다.

그러면 '앞으로도 오를까'라는 질문이 있을 수 있다. 국내 상업용 부동산의 가격은 금리의 대폭 인상, 경제 위기 등 특별한 상황이 오지 않는 한 그동안의 상승 폭보다는 낮을지라도 조금씩 상승할 가능성이 크다.

리츠에 투자해서 다른 사람보다 수익을 많이 올리려면 주식과 같이 공부를 열심히 해야 한다. 다만, 리츠는 주식에 비해 공부량이 훨씬 적고 안전하게 투자할 수 있다. 그래서 안심하고 장기 투자하고 매일 매일 호가 창을 보지 않아도 걱정이 안 되는 것이다.

기본적으로 사업 보고서를 보고 이해하고, 어떤 자산을 보유하고 있는지, 임차인과의 계약 구조, 대출 구조, 배당금이 얼마가 나올지 예측하고, 공시를 보고 호재인지 악재인지 판단하는 등에 대해서 알고 있어야 한다. 이러한 관점에서 리츠를 공부하고 판단해 투자 종목을 선택할 수 있어야 한다.

리츠는 국내 증시에 상장된 대표적인 '중수익 중위험' 상품이고 배당주다. 물론 공부를 하면 '중수익 저위험'이 된다. 이 책을 읽은 독자라면 투자를 어떻게 하고 있는지 돌아봐야 한다. 힘들게 모은 돈이 제 역할을 하고 있는지, 내가 쉬고 있는 동안에도 자산이 계속 불어나고 있는지에 대해서 말이다.

이 책은 힘들게 번 돈을 낮은 금리와 수익이 낮은 상품에 넣어두고 왜 이렇게 돈이 안 불어나는지 고민하는 사람을 대상으로, 안전하게 상장 리츠에 투자해 수익을 높이는 방법에 대해서 그동안의 경험을 바탕으로 제시해보았다. 이것이 여러 재테크의 한 방법이라고 생각하는데 자기에게 잘 맞는 방법을 찾아 재테크를 잘하기를 바란다.

이 책을 읽는 모든 분, 부자 되기를 기원합니다.

세상 편한
부동산 투자
상장 리츠

1판 1쇄 인쇄 2022년 1월 17일
1판 1쇄 발행 2022년 1월 28일

지은이 조범진·차재연

펴낸이 최준석
펴낸곳 한스컨텐츠
주소 경기도 고양시 일산서구 강선로 49. 404호
전화 031-927-9279 팩스 02-2179-8103
출판신고번호 제2019-000060호 신고일자 2019년 4월 15일

ISBN 979-11-91250-03-9 13320